101

A **Coleção Filosofia** se propõe reunir textos de filósofos brasileiros contemporâneos, traduções de textos clássicos e de outros filósofos da atualidade, pondo a serviço do estudioso de Filosofia instrumentos de pesquisa selecionados segundo os padrões científicos reconhecidos da produção filosófica.
A Coleção é dirigida pela Faculdade Jesuíta de Filosofia e Teologia (Belo Horizonte, MG).

FACULDADE JESUÍTA DE FILOSOFIA E TEOLOGIA (FAJE)
DEPARTAMENTO DE FILOSOFIA

Av. Dr. Cristiano Guimarães, 2127
31720-300 Belo Horizonte, MG

DIRETOR:
João A. Mac Dowell, SJ

CONSELHO EDITORIAL:
Carlos Roberto Drawin FAJE
Danilo Marcondes Filho PUC-Rio
Fernando Eduardo de Barros Rey Puente UFMG
Franklin Leopoldo e Silva USP
Marcelo Fernandes de Aquino UNISINOS
Marcelo Perine PUC-SP
Paulo Roberto Margutti Pinto FAJE

Gabriel Almeida Assumpção

CRIAÇÃO DAS ARTES PLÁSTICAS E PRODUTIVIDADE DA NATUREZA EM FRIEDRICH SCHELLING

Edições Loyola

Dados Internacionais de Catalogação na Publicação (CIP)
(Câmara Brasileira do Livro, SP, Brasil)

Assumpção, Gabriel Almeida
 Criação das artes plásticas e produtividade da natureza em Friedrich Schelling / Gabriel Almeida Assumpção. -- São Paulo : Edições Loyola, 2022.-- (Coleção filosofia ; 101)

 Bibliografia.
 ISBN 978-65-5504-196-5

 1. Arte - Filosofia 2. Artes plásticas 3. Estética 4. Filosofia alemã 5. Filosofia da natureza 6. Schelling, Friedrich Wilhelm Joseph von, 1775-1854 I. Título II. Série.

22-116366   CDD-111.85

Índices para catálogo sistemático:
 1. Estética : Filosofia   111.85

Eliete Marques da Silva - Bibliotecária - CRB-8/9380

Preparação: Fernanda Guerriero Antunes
Capa: Manu Santos
Diagramação: Desígnios Editoriais
Revisão: Maria de Fátima Cavallaro

Edições Loyola Jesuítas
Rua 1822 nº 341 – Ipiranga
04216-000 São Paulo, SP
T 55 11 3385 8500/8501, 2063 4275
editorial@loyola.com.br
vendas@loyola.com.br
www.loyola.com.br

Todos os direitos reservados. Nenhuma parte desta obra pode ser reproduzida ou transmitida por qualquer forma e/ou quaisquer meios (eletrônico ou mecânico, incluindo fotocópia e gravação) ou arquivada em qualquer sistema ou banco de dados sem permissão escrita da Editora.

ISBN 978-65-5504-196-5

© EDIÇÕES LOYOLA, São Paulo, Brasil, 2022

Dedicado a Verlaine Freitas.

"*Kunst* gibt *nicht das Sichtbare* wieder, *sondern macht Sichtbar.*"
["A arte não *reproduz* o visível, mas torna visível."]
Paul Klee

Sumário

Lista de abreviaturas 13

Prefácio 17

Introdução 23
  1. O estado da arte dos estudos de Schelling 23
  2. Considerações metodológicas 26

Capítulo I
A natureza como produtividade e a construção da matéria 29
  1. Apresentação 29
  2. Produtividade e desaceleração, ou como conferir forma
      ao amorfo 31
  3. A natureza como aconsciente e a "arquitetura animal":
      sobre o impulso formativo 37

4. Construção da matéria e processo dinâmico: a herança kantiana 45
5. Construindo as três dimensões 51

Capítulo II
Gênio, absoluto e a plasticidade sintética da imaginação 61
1. Apresentação: a filosofia da identidade 61
2. Gênio e síntese de opostos 64
3. O absoluto e a imaginação 74
4. Arte, uma potência do absoluto 82
5. Os mitos e o símbolo 90

Capítulo III
A filosofia das artes plásticas: sistema e história 103
1. A divisão das artes plásticas e a construção da matéria 103
2. O sistema das artes plásticas 107
   2.1. A música 107
   2.2. A pintura 110
   2.3. A arquitetura 113
   2.4. O baixo-relevo e a escultura 117
3. Schelling e a história da arte 119
   3.1. Do especulativo ao histórico 119
   3.2. Teses sobre a história da música 121
   3.3. Teses sobre a história da pintura e da escultura 124
   3.4. Teses sobre a história da arquitetura 127

Capítulo IV
Contra a imitação de uma natureza inerte 131
1. Schelling e Hamann: estética e ecologia 131
2. A questão da *mímesis* em August Schlegel, Winckelmann e Plotino 138

3. Schelling e Plotino diante do "Rafael sem mãos" 147
4. "A arte não reproduz o visível, mas torna visível": paralelos com Kandinsky e Klee 150

Conclusão 157

Referências 163
1. Referências primárias 163
   1.1. Obras consultadas na *Historisch-kritische Ausgabe (HkA)* 163
   1.2. Obras consultadas na *Sämmtliche Werke (SW)* 164
   1.3. Traduções consultadas de Schelling 165
   1.4. Outros filósofos 165
   1.5. Artistas 166
2. Referências secundárias 167

Lista de abreviaturas

Obras de Friedrich Schelling, numeradas de acordo com a *Edição Histórico-crítica* (textos de 1797-1800 e texto póstumo *Ein Wort über Naturschönheit*, de 1807), ou conforme as *Obras completas* (textos de 1801-1807).

AÜ	*Allgemeine Übersicht.*
AD	*Allgemeine Deduction des dynamischen Processes.*
AEN	*Aphorismen zur Einleitung in die Naturphilosophie.*
Bru	*Bruno oder über das göttliche und das natürliche Prinzip der Dinge.*
DmS	*Darstellung meines Systems der Philosophie.*
EE	*Erster Entwurf eines Systems der Naturphilosophie.*
Einl	*Einleitung zu seinem Entwurf eines Systems der Naturphilosophie.*
EWN	*Ein Wort über Naturschönheit.*
FD	*Fernere Darstellungen aus dem System der Philosophie.*
IPhN	*Ideen zu einer Philosophie der Natur.*
PhK	*Philosophie der Kunst.*
PhuR	*Philosophie und Religion.*

StI   *System des transscendentalen Idealismus.*
SdgPh   *System der gesammten Philosophie und der Naturphilosophie insbesondere.*
ÜdV   *Über das Verhältnis der bildenden Künste zu der Natur.*
VM   *Vorlesungen über die Methode des akademischen Studiums.*
WS   *Von der Weltseele.*

Textos de outros filósofos

a) August Schlegel:

KL   *Kuntslehre.* Numerado segundo a edição da Verlag von Gebr. Henninger.

b) Baruch de Spinoza:

E   *Ethica.* "E" seguido do número do livro e da proposição, "S" para escólio e "C" para corolário. Por exemplo, E1P29C: Corolário da proposição 29 do livro 1 da *Ética*.

c) Gottfried Wilhelm von Leibniz:

Mon   *Monadologia.* Cita-se segundo os incisos da tradução de Marilena Chaui.
PNG   Princípios da natureza e da graça. Cita-se segundo os incisos da tradução de Franks e Woolhouse.

d) Immanuel Kant:

B   *Briefwechsel 1789-1794.*
Anth   *Anthropologie in pragmatischer Hinsicht.*
KU   *Kritik der Urteilskraft.*
KpV   *Kritik der praktischen Vernunft.*
MAN   *Metaphysische Anfangsgründe der Naturwissenschaft.*
MadM   *Muthmasslicher Anfang der Menschengeschichte.*
ÜdG   *Über den Gebrauch teleologischer Principien in der Philosophie.*
ZC   *Zweites Convolut.*

Kritik der praktischen Vernunft: numerada de acordo com a primeira edição (A). Demais obras de Kant numeradas segundo a *Akademie-Ausgabe*.

e) Johann Georg Hamann:

An   *Aesthetica in nuce*.
KhB *Kleeblatt helenistischer Briefe*.
Obras numeradas segundo a edição original de 1762.

f) Platão:

Phil *Filebo*. Numerado segundo a paginação Stephanus.

g) Plotino:

EN *Enéadas*. Numeradas segundo respectiva enéada, tratado e capítulo, tal como na numeração de Porfírio. Por exemplo, EN V, 8, 2 – capítulo dois do oitavo tratado da quinta enéada, sobre a beleza intelectual.

Prefácio

Friedrich Schelling (1775-1854) conferiu grande peso à estética[1], tendo chegado a elevá-la a *órganon* da filosofia em uma obra de 1800, *Sistema do idealismo transcendental*, indicando que o procedimento artístico é o modelo para o fazer filosófico. Em obras posteriores, a estética continua importante, mas não tanto, não sendo mais *órganon*, mas sim *análogon* da filosofia, tendo tanto peso quanto a investigação da natureza ou da história.

A obra de arte vincula o aparentemente separado, equilibrando necessidade e liberdade, consciência e aconsciente, natureza e espírito,

---

1. Podemos usar os termos "estética" e "filosofia da arte" indistintamente, uma vez que a reflexão de Schelling sobre a beleza envolve discussões sobre obras de arte, racionalidade da arte e seu lugar no universo. Ao mesmo tempo, trata-se de um discurso acerca da ideia de beleza e de como ela se apresenta no mundo e aponta para o absoluto, envolvendo uma teoria do gênio e da imaginação. Desse modo, defendemos se referir tanto a uma estética quanto a uma filosofia da arte, em discordância com a crítica de Schelling ao termo "estética" (PhK 361 ss.), que nos parece mais pertinente à sua época e menos à nossa.

em uma atividade sintética que remete à identidade originária entre todas as coisas, noção ontológica fundamental no período em que Schelling se dedica à estética paralelamente à filosofia da natureza (1797-1807). Além disso, a arte apresenta o primado do intuitivo sobre o demonstrativo, algo em que esse filósofo se aproxima mais de Fichte que de Kant ou Hegel – há um saber originário, indemonstrável e não discursivo, princípio de toda demonstração e discurso, visto por Schelling como afim ao fazer artístico e à intuição estética nele envolvida.

O pensamento em questão confere centralidade à autopoiese em várias esferas, desde o absoluto que se reconhece sob aspectos distintos e se desdobra em atividade de imaginar a si mesmo, passando pela natureza concebida como um organismo que se engendra e recria, e culminando em um artista plástico, como um escultor, que simboliza o divino por intermédio da figura humana, sendo o divino expresso pela própria humanidade.

Estudando os textos estéticos de Schelling, notamos menções a conceitos de filosofia da natureza, como os de aconsciente, construção da matéria, impulso formativo, produtividade, demonstrando um enraizamento de sua estética na filosofia da natureza, aspecto pouco salientado na tradição de comentários. Tais conceitos se aliam a noções de sua metafísica ou filosofia da identidade e de outras fontes filosóficas (Kant, Hamann, Plotino e A. Schlegel foram privilegiadas por serem as principais para o tratamento das artes plásticas), bem como a relatos acerca das obras de arte. A integração dessas fontes filosóficas conduz à originalidade de Schelling diante de suas influências, e um dos pontos mais fecundos em que o pensador aborda a relação entre arte e natureza é o problema da *mímesis*. Ainda que em poucas passagens, há em sua obra um conceito de imitação que, embora inserido em um debate marcado por nomes como Moritz, A. Schlegel e Winckelmann, caracteriza-se por uma posição inovadora da parte de Schelling por não tender nem à imitação dos antigos (Winckelmann), tampouco ao primado da forma (Plotino) ou ao naturalismo (Da Vinci) conciliando idealismo e realismo em sua ideia de emulação.

Buscamos expor por que o paralelismo entre a criação artística e a produtividade absoluta da natureza é o fio condutor mais consistente da estética schellinguiana, envolvendo quatro etapas na investigação: (1) conceitos da filosofia da natureza relevantes para a estética de Schelling; (2) o fundamento do paralelismo entre produtividade da natureza e criação artística; (3) a pertinência histórica das teses de Schelling sobre história das artes plásticas, levando em conta a história da arte do século XX; (4) repercussões estéticas, ecológicas e metafísicas do conceito de *mímesis* desenvolvido por Schelling. Cada tópico resultou em um capítulo desta obra.

Um exame de dois momentos da estética schellinguiana nos permite observar a aplicabilidade da tese defendida com maior clareza, sendo o primeiro momento (1797-1801) programático e inspirado por Kant e pelo romantismo[2], enquanto o segundo (1802-1807) é sistemático e se infunde, além das influências anteriores, de neoplatonismo[3], sendo importante notar que essa separação em dois momentos não foi explicitada em comentários sobre a estética do filósofo, sendo contribuição nossa. Schelling sintetiza a ideia kantiana de beleza (como algo que nos aproxima da unidade entre teoria e prática) com o princípio neoplatônico de equivalência entre Bem, Verdade e Beleza, em um dos últimos esforços da metafísica ocidental por tal integração. O rompimento com o neoplatonismo, em grande parte em razão do estatuto ontológico da matéria, coincide com o distanciamento cada vez maior da estética, tema que passa a ser periférico nos escritos posteriores a 1807.

O recorte de nossa obra consiste no período do início da filosofia da natureza (1797) até o *Discurso de Munique* (1807), último texto estético

---

2. A influência de August e Friedrich Schlegel é considerável, destacando-se a visão do segundo sobre poesia e do primeiro a respeito da arquitetura, da pintura e da música (Korten; Ziche, 2005, 22-23; KL, 163-200). Gênese e recepção se confundem bastante nesse período, de modo que só mencionaremos a gênese quando imprescindível e se a influência for documentada. Como resultado, abordamos August Schlegel na tese, e não Friedrich, menos relevante na abordagem das artes plásticas. A respeito deste, conferir Suzuki (1998).

3. Sobre as relações entre Schelling e o neoplatonismo, conferir Beierwaltes (1982, 5-9, 24-25; 2001, 182 ss.) e Tilliette (1987, 8 ss.). O filósofo passará a defender a identidade entre beleza e verdade (Bru 218-228; PhK 370, § 20, 384; ÜdV 301 s.; VM 350), e o absoluto será tomado como fonte das ideias, inclusive da ideia de beleza (Bru 223-228; PhK 386). Schelling recusará, todavia, o primado da forma como critério de beleza (ÜdV 298).

publicado em vida pelo autor. Observa-se um pensamento estético que se inicia, em 1797, com uma proposta kantiana de união entre natureza e liberdade por meio de uma filosofia da arte no *Panorama Geral* (1796-1798) (AÜ, 183) e que se encerra com uma reconfiguração do conceito de *mímesis*, segundo o qual a arte é uma apresentação de ideias e aproximação do absoluto.

O capítulo I tem um caráter propedêutico e, nele, discutimos a filosofia da natureza, tendo em mente a importância desta como pano de fundo para a compreensão da filosofia da arte de Schelling.

O capítulo II versa sobre a concepção de gênio e sua relação com a imaginação divina, o absoluto e o papel da arte como potência do absoluto. Também se discute o papel do símbolo como melhor forma de apresentação dos mitos, o conteúdo temático das obras de arte, com ênfase na mitologia grega, apresentadora do mundo natural. O problema desse capítulo é a pergunta pelo fundamento comum ao paralelismo entre produtividade da natureza e produção artística. Com base no problema da integração entre natureza e espírito, lançado no sistema de 1800, vê-se no absoluto a identidade entre real e ideal, aconsciente e consciência, objetivo e subjetivo, natural e espiritual. A obra de arte é apresentação dessa identidade como beleza.

O capítulo III se concentra na exposição de vários tipos de arte plástica (música, pintura, arquitetura, escultura), confrontando elementos de história da arte apresentados por Schelling com a historiografia atual, buscando avaliar até que ponto os *insights* do filósofo foram corretos. Nesse capítulo, percebemos uma transição da explicação sistemática na *Filosofia da arte* (1802-1805) rumo a uma representação mitológica da história da arte em *Sobre a relação entre as artes plásticas e a natureza* (1807), um reflexo do desenvolvimento filosófico do próprio pensador, gradualmente abandonando a ideia de sistema.

Finalmente, o capítulo IV deste livro é a reconstrução da crítica à visão tradicional de *mímesis* e a proposta de uma nova forma mimética, a imitação da natureza como força produtora, e não como mero produto inerte. Além do diálogo com Plotino e outras influências, mostraremos como Schelling concebe a importância de outra atitude em relação à natureza, distinta da postura moderna, ou seja, uma relação de distanciamento e dominação. O filósofo, o cientista e o artista devem se reaproximar da *physis*, e não se ver como algo à parte dela. Fundamentado nisso, consegue-se ver a natureza para além das aparências, e nesse ponto surge a base para um diálogo com a Bauhaus, especialmente a pintura abstrata de Kandinsky e Klee.

Agradeço à FAPEMIG pelo apoio na pesquisa de doutorado cujo resultado final é este livro. Sou grato a Verlaine Freitas pela interlocução exigente, criteriosa e enriquecedora. Sou muito grato a Vittorio Hösle pela amizade e troca filosófica, bem como pelo convite a participar em dois cursos de verão na University of Notre Dame, Indiana, em junho e julho de 2016 e 2018. Sou grato ao apoio constante do Padre João A. Mac Dowell, SJ, que me incentiva desde 2009.

Introdução

1. O estado da arte dos estudos de Schelling

Os estudos sobre Schelling têm crescido em vários países, destacando-se o trabalho da *Edição histórico-crítica*, em andamento desde os anos 1970, e a instituição da Sociedade Internacional Schelling. Nota-se esse reavivamento na Europa, no Japão, nos EUA e na América Latina, sendo oportuno mencionar, no âmbito da estética, Barboza (2005), Barros (2009, 2010) e Schuback (2005, 2013), no que tange à filosofia da natureza, Assumpção[1] (2015, 2017a) e Gonçalves (2005, 2015a, 2015b), havendo tradutores como Assumpção, Barros, Schuback, Suzuki e Torres Filho.

No que diz respeito à estética, há algumas das contribuições mais originais de Schelling, como a elevação da arte a *órganon* da filosofia (StI 41), e nossa obra investiga esse campo de sua atividade filosófica. O filósofo ainda não recebeu o devido tratamento, em parte, porque

---

[1]. Autor do presente volume, Gabriel Almeida Assumpção é Doutor em Filosofia (UFMG) e bolsista de Pós-doutorado Júnior do CNPq – Processo 162879/2020-2. Instituição de execução: UFOP.

a historiografia do idealismo alemão tendeu a pensar esse movimento como uma linha reta, pela qual, primeiro, teria ocorrido a revolução copernicana de Kant – o pensamento dos limites da razão –, seguindo-se Fichte e Schelling com suas sistematizações da problemática kantiana, complementando-a. E, finalmente, teria chegado Hegel, completando a tarefa de erguer um sistema e suprimindo as lacunas dos predecessores (VETÖ, 1998, 13).

Essa historiografia, segundo Vetö, iniciou-se com o próprio Hegel, que pensou Kant como o começo e a si mesmo como ponto final de um momento histórico-filosófico, e foi seguida por vários intérpretes. Isso se reflete no título *De Kant a Hegel* da obra historiográfica de Kröner (1961), por exemplo, sendo Fichte e Schelling apenas adendos nesse processo: trata-se da historiografia que ficou conhecida como "dinástica". Um pioneiro no rompimento com essa postura foi Zeltner (1954). Hösle (1984, 737-739) também apresentou um parecer mais favorável, elogiando Schelling e Hegel por uma elaboração profunda da tradição, algo limitado em Kant e em Fichte, especialmente no que tange ao pensamento antigo. Hösle ainda pensa Schelling como suprassumido por Hegel, mas ao menos aprecia a síntese entre Fichte e Spinoza, conduzindo à filosofia da natureza.

Outra visão tem ganhado espaço na historiografia filosófica e se origina com Schelling, reconhecendo o movimento da tendência "dinástica", mas pensando-o como parte de um percurso, como *uma* via do idealismo alemão, e não como *a* via. Nesse caminho, apontam-se questionamentos sobre a existência e a finitude, iniciados com o ensaio kantiano sobre o mal radical em seu texto sobre religião, culminando na filosofia tardia de Schelling (VETÖ, 1998, 13). Os estudos anglo-saxônicos do idealismo alemão têm aderido a esse viés interpretativo, a que nos filiamos, ainda que, em nosso caso, o foco se dê na estética e filosofia da natureza, e não nos problemas antropológico-existenciais (BEISER, 2002; GRANT, 2006; MATTHEWS, 2011; WIRTH, 2013a; 2013b). No Brasil, Puente (1997, 2003) e Vieira (2007, 7) representam essa vertente. O procedimento comum a essa nova tendência é buscar um exame dos pensadores desta época por si mesmos e nos próprios termos, e não em função de um ou outro filósofo.

Essa tendência permite repensar o papel de Schelling no idealismo alemão, ainda que não a sigamos à risca, dado que não trabalharemos com a filosofia tardia de Schelling, como o faz Puente, e nem com o período inicial (1794-1796), em que a preocupação é na filosofia prática, foco do trabalho de Vieira.

Uma leitura do modelo dinástico ainda é comum no Brasil, como nos trabalhos de Jair Barboza (2001, 249-287) ou de Ricardo Barbosa (2010, 72-74). Barboza confere maior peso à teleologia kantiana do que à construção da matéria, o que a nosso ver revela uma compreensão limitada do mais importante na filosofia da natureza. Barbosa, por sua vez, lê Schelling com lentes kanto-fichteanas, pensando Schelling como um filósofo que violou os limites da razão em um retrocesso se comparado com Kant, descurando para o fato de que o conceito de razão em jogo no caso de cada filósofo é bem diferente e não deve ser o único critério para julgarmos suas obras. Não se trata de mistificação irracionalista da natureza (ainda que haja um elemento místico em jogo, dada a influência do pietismo suábio e do neoplatonismo em Schelling), mas de uma reflexão filosófica sobre a natureza como um todo, levando em conta a riqueza dos fenômenos físico-químicos e biológicos (CHO, 2008, 13 s.).

O trabalho de Shaw (2010) articula liberdade, filosofia da arte e filosofia da natureza, sendo próximo do nosso, que elabora a liberdade como autodeterminação e potência criadora. O comentador aponta que houve, nas interpretações de estética schellinguiana, predomínio no tratamento do *Sistema do idealismo transcendental*, sem conferir muita importância à filosofia da arte do período da filosofia da identidade (de 1801 a 1806), no qual recebe tratamento ao longo de três capítulos da obra.

Tal como Whistler (2013, 60), propomos uma revalorização do sistema da identidade (1801-1806), e não uma crítica ao sistema da identidade em prol da filosofia tardia de Schelling ou meramente um sistema pré-hegeliano (WHISTLER, 2013, 67 s.). O sistema da identidade foi concebido muitas vezes como mero intermediário entre a filosofia do idealismo transcendental e a filosofia tardia (JACOBS, 2011; KRÖNER, 1961; MATTHEWS, 2011). Esperamos revisar isso, notando que no período da filosofia da identidade encontra-se a maioria das obras estéticas schellinguianas, excetuando o *Sistema*, de 1800 e passagens das *Cartas filosóficas sobre dogmatismo e criticismo*.

Nossa obra é voltada para a interpretação dos textos de Schelling, mas também abriremos possibilidade de diálogo com a pintura abstrata, apontando a relevância da estética desse filósofo para se pensar a arte moderna. Também haverá exame de teses de cunho histórico, da parte do filósofo.

2. Considerações metodológicas

A obra de Schelling é marcada por mudanças de posição em intervalos curtos de tempo e por retomadas de temas, tratando-se de "filosofia em devir", tal como no título da obra de Tilliette (1970). Leyte (2005, 17 s.) defende haver unidade nessa filosofia, mas o intérprete não a demonstra, algo conseguido por Ehrhardt (2010), mediante as ideias de autodeterminação e de liberdade. Nossa proposta não é fornecer um fio condutor da obra schellinguiana como um todo, mas especificamente para sua obra estética, tendo em mente as artes plásticas. O foco se detém nesse tipo de arte por ser o campo que o filósofo privilegiou em detrimento das obras literárias, havendo contribuições em sua estética.

Nos capítulos I e II, há uso de fontes diversas de Schelling entre 1797 e 1807, ao passo que nos capítulos III e IV as fontes privilegiadas foram *Filosofia da arte* (1802-1805) e *Sobre a relação entre as e a natureza* (1807). Nossa metodologia incluiu subcapítulos focados em questões de gênese das ideias do pensador[2], mas apenas voltando para conceitos de autores fundamentais para a compreensão da estética schellinguiana: (a) as teorias kantianas da matéria e de gênio, respectivamente nas seções 4 do capítulo I e 1 do capítulo II; (b) a influência de Hamann, Plotino, Schlegel e Winckelmann na articulação schellinguiana de *mímesis*, natureza e ecologia (seções 1 a 3 do capítulo IV). No caso do capítulo III, cotejamos o *De Architectura* de Vitrúvio e

---

2. Trabalhos genéticos minuciosos se encontram em GRIFFERO (1996), JÄNHIG (1969) e ZERBST (2011).

clássicos da história da arte (ARGAN; BURKHOLDER et al.; TOMAN; PANOFKSY) para verificar quais teses de Schelling sobre história da arte ainda se mostram relevantes. A metodologia exegético-diacrônica, portanto, prevalece nos dois primeiros capítulos, mas optamos por um enfoque comparativo no capítulo III e um enfoque genético-comparativo no último capítulo.

Ainda no capítulo IV, há abertura para um diálogo interdisciplinar com base em uma exegese de textos de Paul Klee e Wassily Kandinsky. Com isso, preenche-se uma lacuna na tradição de comentários, que apontou a possibilidade desse diálogo com a pintura abstrata (BEIERWALTES, 1982; FRANK, 1989; LEYTE, 2005; TILLIETTE, 1987), mas não o desenvolveu a fundo, sendo um estudo que inicia algo nesse sentido o de Schuback (2005). Esse diálogo com textos de pintores, com Vitrúvio e com historiadores da arte conferiu caráter interdisciplinar à obra. Enfatizamos que se trata de um diálogo com a *história* da arte, e não com a *crítica* de arte.

CAPÍTULO I
A natureza como produtividade e a construção da matéria

1. Apresentação

Neste capítulo, discutimos a filosofia da natureza de Schelling, tendo em mente a importância dela para se compreender sua filosofia da arte, visto que o autor reflete sobre o papel de impulsos e da matéria na criação artística. O interesse na filosofia de Schelling tem crescido e a *Naturphilosophie* conquistou seu espaço na literatura secundária, tanto internacional (BEISER, 2002; CHO, 2008; GRANT, 2006, 2010; HEUSER-KESSLER, 1994; LEYTE, 1999, 2000; MATTHEWS, 2011; TILLIETTE, 1987) quanto brasileira (AMORA, 2008; BARROS, 2009, 2010; GONÇALVES, 2005, 2015a, 2015b).

Apontamos em que medida a filosofia da natureza de Schelling influencia sua sistematização das artes plásticas e sua ideia de produção artística. São raros os comentários que articulam filosofia da natureza e filosofia da arte em Schelling (ASSUMPÇÃO, 2017a, 2017b; BARROS, 2009, 2010; SCHUBACK, 2005, 2013; JACOBS, 2004, 2011; WIRTH, 2013a; ZELTNER, 1954), embora o próprio filósofo tenha sido favorável a essa interface em seus escritos, particularmente nos cursos de *Filosofia da arte* e no *Discurso* de 1807. Raramente os comentadores observam, por exemplo, o nexo entre construção da matéria e a divisão schellinguiana das artes plásticas.

Some-se a isso o fato de que a explicação de Schelling sobre o referido vínculo (PhK § 77, 489-491; § 87, 540; § 105, 570) mostra-se aporética e pouco desenvolvida, merecendo discussão mais extensa. Indicaremos como uma estética schellinguiana só é possível ao se conceber a natureza como produtividade e ao se adotar um monismo em que matéria e espírito variam em grau, e não radicalmente.

Schelling mostra, em suas obras de filosofia da natureza, competência em síntese de resultados, procedimentos e hipóteses em várias ciências naturais de seu tempo (GRANT, 2010, 61), tendo o filósofo colaborado com cientistas de sua época, como Eschenmeyer e Kielmeyer (BEISER, 2002, 514; GONÇALVES, 2005, 72-75). Não entraremos em detalhes acerca da gênese da sua filosofia da natureza, pois já é vasta a literatura sobre o tema (cf. ASSUMPÇÃO, 2015; BEISER, 2002; DURNER, 1994; DURNER et al., 1994; GRANT, 2006; JACOBS, ZICHE, 2001)[1].

No que tange às influências filosóficas, merecem destaque a teleologia kantiana, com sua ideia de organismo pensado regulatoriamente como autoprodução na *Crítica da faculdade do juízo* (KU §§ 64-67, 369-381; §§ 74-77, 395-409), e a construção dinâmica da matéria apresentada pelo filósofo de Königsberg na segunda parte de seus *Princípios metafísicos da ciência natural* (1786) (MAN 496-523). Outras influências notáveis são Spinoza, Jacobi, Leibniz, Platão e Fichte, bem como o pietismo suábio, especialmente Friedrich C. Oetinger (1702-1782) e Philipp M. Hahn (1739-1790), que defendiam uma unidade entre matéria e espírito, concebendo a natureza dinamicamente (DURNER, 1994, 33-36; MATTHEWS, 2011, 39-43).

---

1. Schelling estudou várias ciências de seu tempo, como a química, a física e a medicina, sendo a matemática menos influente em sua formação científica. São marcantes, entre outros, os estudos de Galvani e Volta sobre eletricidade e o fenômeno do galvanismo em 1791 e as teorias fisiológicas sobre excitação formuladas por J. Brown e K. von Kiehlmeyer por volta de 1793. Outros nomes de destaque são Blumenbach, Coulomb, Franklin e Le Sage. O volume especial da HkA é dedicado às ciências naturais que Schelling estudou (DURNER et al., 2004).

As divergências entre Schelling e Fichte sobre o lugar e papel da *Naturphilosophie* diante da filosofia transcendental constituem outro tema clássico, mas que nos desviaria de nossa proposta – já mencionada na introdução – de estudar aquele filósofo por si mesmo, e não em prol de Kant, Fichte ou Hegel[2]. Nosso objetivo no presente capítulo, desse modo, é a elucidação de quais conceitos e pressupostos da filosofia da natureza são fundamentais para se compreender a filosofia schellinguiana da arte. Um diferencial de nossa argumentação neste capítulo em relação aos estudos de filosofia da natureza é a articulação entre produtividade da natureza e construção da matéria, algo raramente notado pelos intérpretes, Gonçalves (2015b, 13-22) constituindo uma exceção.

2. Produtividade e desaceleração, ou como conferir forma ao amorfo

Em sua primeira década de elaboração filosófica (1792-1802), Schelling se ancora na noção de incondicionado, de causa não causada, e, nesse sentido, pergunta em que medida se pode atribuir incondicionalidade à natureza (EE 77). Em um jogo de palavras, o filósofo afirma que a ciência não deve partir de um produto, de uma coisa (*das Ding*), mas do incondicionado (*das Unbedingte*), e a primeira investigação da física especulativa diz respeito ao incondicionado na ciência natural (Einl § VI, 39-40). Toda ciência tem seu incondicionado: na filosofia transcendental, trata-se do eu; na filosofia da arte, é a "Arte"[3] ou atividade consciente do gênio. Segundo a filosofia da natureza, em cada coisa natural se revela um princípio do ser que, ele próprio, não é ser, mas devir que expressa o incondicionado, que deve se manifestar por si mesmo.

---

    2. A respeito das divergências entre Fichte e Schelling sobre a natureza e o papel dessa querela no rompimento entre ambos, conferir GASPAR (2015, 27-43); GONÇALVES (2005, 80); KRÖNER (1961, 556-581); LEYTE (1999, 71-80); VIEIRA (2007, 8-11); VETÖ (1998, 450 ss.).
    3. Para não confundir "Arte" e "Poesia" com os usos mais comuns desses termos, usaremos os conceitos sempre com letra maiúscula quando se tratar daqueles relacionados à atividade consciente e à atividade aconsciente do gênio, respectivamente.

A natureza prescinde da ideia de ser originário, a ser eliminada tanto da filosofia transcendental quanto da filosofia da natureza; e, nesse sentido, a crítica de Schelling ao "teísmo regulativo" de Kant, baseado na analogia entre arte e natureza, é significativa (IPhN 94-97). Para o filósofo de Königsberg, é legítimo aceitar que há um Autor da natureza que a cria de acordo com fins, ainda que apenas como princípio reflexivo (KU §§ 74-77, 395-409); já para Schelling, trata-se de a própria natureza ser vista como o incondicionado, como fonte de si mesma que prescinde de um criador extrínseco a ela; a natureza é o próprio produto, um todo organizado e organizador com base em si mesmo (EE 77-78; 276n).

Em Schelling, não há analogia entre artesão e autor da natureza, mas a própria natureza se engendra, sendo depois transformada interiormente pelo artista, que se torna como que um porta-voz do mundo natural e o apresenta transformado como uma obra capaz de expressar ideias (ÜdV 293-295).

Matthews (2011, 7 s.) chega a afirmar que outra implicação de se admitir causa extrínseca à natureza seria conduzir a um futuro que necessariamente fosse controlado pelo passado, algo que levaria a um mundo determinista, removendo a possibilidade de se incorporarem criatividade e propósito no próprio tecido do nosso mundo natural. Entretanto, esse argumento não é satisfatório, pois concepções imanentistas de natureza também podem ser deterministas, como no caso dos estoicos e de Spinoza (E1P29D).

De todo modo, em Schelling há, de fato, uma defesa da liberdade como princípio da filosofia e, se o filósofo da natureza a trata da mesma forma que o filósofo transcendental aborda o eu, então aquela é um incondicionado para esse filósofo; o que não é possível se iniciarmos de um ser objetivo, *i.e.*, redutível a objeto, externo à consciência (EE 275n). Filosofar sobre a natureza significa, desse modo, reconhecê-la como autônoma e autárquica, desprendendo-se da visão comum que avista nela apenas algo passivo, e não o próprio agir (EE 78-81). O que ocorre no mundo orgânico e inorgânico deve ser explicado com base nos motivos e princípios eficientes de si mesmo: "Todos os movimentos dinâmicos têm seu fundamento último no próprio sujeito da natureza, a saber, nas forças para as quais o mundo visível é mero molde" (AD § 63, 364).

A filosofia da natureza é um empirismo expandido à incondicionalidade (EE 86; WS 81 s.), pois investiga a natureza com base na empiria, e em inter-relação com ela, reconhecendo-a, todavia, como fonte de si mesma. Esse campo de saber também é denominado física especulativa, que investiga a natureza como produtividade, ao passo que a física empírica pesquisa os produtos da natureza:

> Chamamos a *natureza* como mero *produto* (*natura naturata*), natureza como *objeto* (apenas a esta se direciona toda empiria). Chamamos a *natureza como produtividade* (*natura naturans*), *natureza como sujeito* (apenas a essa se dirige toda teoria) (Einl § VI, 41, grifos do autor)[4].

Em outros termos, a natureza em Schelling é como o Deus de Spinoza, no sentido de ser *causa sui* (E1D1; E1P4), o que justifica a referência à filosofia da natureza como "espinozismo da física" (Einl § II, 30 s.; 333). Schelling elogia Spinoza por sua perspectiva monista (IPhN 90), mas critica-o, afirmando que, para ser compreendido, seu sistema deve ser absorvido em nós mesmos, e a substância deve ser substituída pelo eu, reconhecendo que infinito e finito não se encontram apenas fora de nós, mas também em nós.

A identidade entre produtividade e produto é expressa por intermédio da visão da natureza como um todo, simultaneamente causa e efeito de si própria, e novamente idêntica em sua duplicidade que perpassa todos os fenômenos. Tal conceito originário de natureza concorda com a identidade entre real e ideal, pensada no conceito de cada produto da natureza e só passível de ser contrastada com a obra de arte (Einl § VI, 41). A diferença seria a seguinte: na arte, o conceito de ação precede o projeto da execução; ao passo que, na natureza, conceito e ato são um e, simultaneamente, o conceito passa imediatamente ao produto, e não se deixa separar deste (PhK 357 ss.; § 18, 384; StI 307-311).

---

4. Todas as traduções são de nossa responsabilidade.

Uma tese cara à filosofia da natureza é que o princípio da natureza orgânica é imperscrutável de um ponto de vista fisicalista – o que não significa que a busca de tal princípio seja uma tarefa infrutífera (WS 68). Com base nos resultados de diferentes ciências (especialmente estudos sobre gravidade, magnetismo e fenômenos óticos), Schelling observa que interações materiais e mecânicas não se explicam plenamente pela via mecanicista, tendo como exemplos principais as "ações à distância", como a gravitação e o magnetismo, que repousam em uma concepção idealista de espaço (WS 70 s.; StI 30-31).

Não entraremos no mérito da pertinência ou não do que Schelling reflete sobre as ciências de seu tempo, o que já foi feito por Heuser-Kessler (1994) e Amora (2008), mas aceitaremos o pressuposto schellinguiano de que os fenômenos se tornam mais espirituais quanto mais produzem conforme a leis da natureza, de maneira que "a tendência necessária de toda ciência natural é, portanto, partir da natureza rumo à inteligência" (StI 30).

Essa argumentação se direciona a um problema que já está em Kant: a natureza pensada como mecanismo não exaure a compreensão filosófica da natureza, sendo necessário adotar também a noção de causas finais, a teleologia (KU § 78, 410-413), com a diferença de que Schelling adere ao princípio da natureza que remete a um organismo universal desacelerado infinitamente, estando o orgânico e o inorgânico unidos na natureza pelo mesmo princípio (WS 69-70). A partir de 1800, o filósofo radicaliza a posição das *Ideias* de 1797, abandonando a teleologia como modo explicativo (StI 308 ss.).

A afirmação segundo a qual as diversas formas de matéria orgânica e inorgânica são diferentes graus de organização e desenvolvimento se baseia na concepção de natureza como um vasto organismo (WS 198), mostrando-se equivocada por abstrair da diferença qualitativa entre o orgânico e o inorgânico, negligenciando o papel do metabolismo, e provavelmente tal negligência venha do fato de que Schelling é anterior à bioquímica. O todo da natureza é uma grande hierarquia que parte das formas mais simples de matéria aos minerais mais complexos, seguindo às plantas e aos animais, culminando nas formas mais complexas de vida, como a consciência de si da filosofia transcendental e a criatividade do gênio artístico (BEISER, 2002, 514).

Desde a *Alma do mundo* (1798), Schelling adota uma concepção pela qual há um jogo entre força positiva que se expande e uma força negativa que a limita, conferindo-lhe forma, e tal dinâmica consiste no modelo principal que será adotado na filosofia da natureza. O disforme é o originário, pois é o que chega mais perto da pura produtividade, consistindo no que não sofreu a desaceleração, o que nos permite conceber que na pura produtividade de natureza não há determinação nem forma. O produto, por sua vez, é aquilo que já recebeu forma, que já passou pela desaceleração, tendo sido enformado (EE 281).

Essa oposição entre disforme e formado é assumidamente (AÜ 74-75) uma influência das noções platônico-pitagóricas de limite e ilimitado (Phil 16a-17a) e da ideia goethiana de polaridade (BARBOZA, 2001, 249-287). Essa dialética marcará muito da concepção de Schelling segundo a qual a natureza é produtividade e desaceleração do próprio produzir – o que, por sua vez, encontrará eco na ideia da técnica artística como o que contém o impulso criativo do artista, dando-lhe forma (ÜdV 310 s.; JACOBS, 2004, 89).

"A primeira força da natureza se distribui por trás dos fenômenos particulares [produtos], em que ela é revelada" (WS 78), sendo "primeira força da natureza" uma expressão referente à produtividade incondicionada da natureza (JACOBS, 2004, 91). A força originariamente positiva, caso fosse infinita, estaria além de todos os limites da percepção sensível. Em virtude da força negativa que a limita, aquela se torna uma grandeza finita, algo perceptível e que passa a se revelar nos fenômenos, havendo forças opostas em jogo quando se chega a conceber um fenômeno natural (WS 77-86). Se a natureza não aparecesse desacelerada infinitamente, não seria possível uma representação empírica da natureza (EE 276n).

Essa é a grande linha do pensamento da *Naturphilosophie* schellinguiana, sem a qual não se compreende seu projeto filosófico desse intenso período de sua produção intelectual, e tampouco seu pensamento estético, que se ancora na concepção da natureza como produtividade e na dinâmica do disforme que confere a si mesmo uma forma.

Sendo a natureza duplicidade originária, deve haver na produtividade da natureza tendências opostas (a positiva deve ser oposta a uma negativa, antiprodutiva, que obstrui a produção), precisando-se pensar o produto como negado a cada momento e novamente reproduzido. Não vemos a permanência do produto, mas apenas o permanente reproduzir-se (Einl § VI, 44-45).

"A natureza é atividade absoluta, então essa atividade deve aparecer como infinitamente desacelerada. O fundamento originário dessa desaceleração, todavia – que a natureza é *absolutamente* ativa –, deve novamente ser pensado nela mesma" (EE 81, grifo do autor). Para explicar como a produção da natureza é originalmente direcionada a algo determinado, deve-se aceitar algo negativo em relação à produtividade infinitamente produtiva. Toda produtividade da natureza é apenas evolução infinita com base em uma involução originária, que deve ser o que desacelera a evolução da natureza, impedindo-a de chegar ao fim, ou seja, é uma força originariamente retardadora. Tal força retardadora que faz a velocidade na natureza ser finita, mostrando produtos ou sínteses determinadas, consiste na maior tarefa para a filosofia da natureza (EE 142 s.).

Respeitando essa dinâmica, cada produto finito é apenas um produto aparente (*Scheinprodukt*), pois ele é portador da infinitude da natureza; e, uma vez em constante desenvolvimento, ele não pode ter existência permanente. Cada produto aparentemente fixo na natureza existiria apenas por um momento, apreendendo-se em uma contínua evolução (EE 82). O produto aparente, reproduzido a cada momento, nem pode ser um produto infinito efetivo (senão a produtividade se esgotaria nele), nem pode ser finito, pois a força do todo da natureza se apresenta nele. Tal produto é, simultaneamente, finito e infinito, mostrando-se aparentemente finito para nós, mas na verdade em desenvolvimento infinito (Einl § VI, 46).

Para que uma atividade real venha a ser a partir de uma atividade infinita – e, nessa medida, ideal –, ela deve ser desacelerada. Como é originalmente infinita, porém, a atividade não pode resultar em produtos finitos, mesmo quando é obstruída; e mesmo que a atividade infinita resulte em produtos, estes são apenas produtos aparentes, isto é,

"[...] em cada singular, deve haver, novamente, a tendência ao desenvolvimento infinito, cada produto deve ser capaz de ser articulado em produtos" (EE 67). Esclarecido o pressuposto fundamental da filosofia da natureza, trabalhemos outro, importante para a estética do filósofo: a natureza como aconsciente [bewusstlos][5]. Com base nessa noção veremos, nas seções seguintes, duas transformações da produtividade da natureza: o impulso formativo (expressão da produtividade na natureza orgânica) e a construção da matéria (manifestação da produtividade tanto na natureza orgânica quanto na inorgânica, abrangendo em si o próprio impulso formativo).

3. A natureza como aconsciente e a "arquitetura animal": sobre o impulso formativo

Schelling afirma, em seu primeiro texto de filosofia da natureza publicado em vida[6], *Ideias para uma filosofia da natureza* (1797), que o ser humano opera na natureza, determinando-a segundo fins e intenções, exercendo suposto domínio sobre ela. No entanto, o exercício dessa soberania só é possível devido à própria natureza que ele luta por dominar (IPhN 111).

O ser humano é parte da natureza e resultado de uma evolução, em que o espírito, ou inteligência, é produtivo de um modo duplicado: ou cego e aconsciente, quando contempla o real; ou livre e com consciência, quando procede ao reconhecer o espírito como aspecto ideal da natureza. A filosofia supera essa distinção entre consciência e aconsciente

---

5. Utilizaremos o termo "aconsciente" para *bewusstlos* por defendermos que traduz melhor a ideia de Schelling subjacente a esse conceito: algo privado de consciência, não se tratando de um inconsciente dinâmico ou mesmo descritivo, mas daquilo que seja mais próximo de um grau reduzido de subjetividade, de uma subjetividade "adormecida". Ver uma aproximação em LEIBNIZ (Mon §§ 19-25; PNG §§ 4-6). Essa escolha de tradução foi sugerida pelo meu orientador, Verlaine Freitas.

6. O *Timeu* de Schelling, escrito em 1794 e publicado postumamente, é um comentário a seções do *Timeu* e do *Filebo* platônicos. Nele, já se encontram noções caras à filosofia da natureza de Schelling: a alma do mundo, os conceitos de limite e ilimitado, a discussão acerca do espaço (*khôra*). Cf. GONÇALVES (2015b).

(*bewusstlos*) ao reconhecer uma identidade entre ambos, como se viessem de uma raiz comum, identidade provada imediatamente em um ato, ao mesmo tempo, consciente e aconsciente. Tal identidade se exterioriza de modo aconsciente nos produtos artísticos do gênio e, fora da consciência, nos produtos da natureza, na medida em que neles se percebe a mescla perfeita entre ideal e real (Einl § I, 29).

Schelling queria unificar filosofia da natureza e filosofia transcendental por meio de uma filosofia da arte (AÜ 183), pois a arte é onde natureza e espírito, necessidade e liberdade se encontram, e isso encontra o ponto culminante no *Sistema do idealismo transcendental* (1800). O que Schelling quer dizer precisamente por espírito?

> Chamo espírito apenas aquilo que é seu único objeto. O espírito deve ser objeto para si mesmo, e não na medida em que é, originariamente, objeto, mas sim sujeito absoluto, para o qual tudo (inclusive a si mesmo) é objeto [...] O espírito [...] pode ser apreendido apenas em sua ação (AÜ 85).

Como herança do eu fichtiano, o filósofo de Leonberg adota a ideia de espírito como ativo e produtor, e não como um eu substancial permanente, mas um constante exercício de autotransformação por meio da atividade. Todavia, pensa o eu e a natureza como interdependentes, e não como a natureza como mera oposição ao eu, como simples não eu. O filósofo trocará, em alguns contextos, como no *Sistema do idealismo transcendental*, o termo "espírito" por inteligência, afirmando esta originariamente pensada como consciente, ao passo que a natureza é pensada como aconsciente. Em cada saber, é necessário um encontro recíproco entre ambos (StI 29), e esse é o resultado de uma espécie de "história da consciência" que está adormecida no mundo inorgânico e em parte do orgânico, mas que evolui e desperta em seres racionais como os humanos.

Os produtos aconscientes da natureza são tentativas equivocadas da natureza de se refletir, sendo a natureza inorgânica uma inteligência imatura, cuja meta mais elevada é tornar-se objeto de si mesma, o que a natureza alcança mediante a reflexão suprema e última: o ser humano ou, mais amplamente, o que chamamos razão, por meio da qual a natureza volta a si mesma, revelando-se que a natureza é originariamente idêntica com a inteligência e com a consciência (StI 31)[7].

Se o *todo* da natureza for potenciado rumo à consciência, ou se ela não deixasse nada para trás – nenhum memorial – dos diferentes níveis que ela percorreu, então seria impossível que ela reproduzisse a si mesma com a razão, cuja memória transcendental, como conhecido, deve ser reavivada por meio das coisas visíveis. A ideia platônica de que toda filosofia é recordação é, nesse sentido, verdadeira; todo filosofar repousa em uma recordação do estado em que nós éramos um com a natureza (AD § 63, 365).

Esse trecho indica tanto o projeto de uma "história da consciência", frequente nos textos de Schelling entre 1797 e 1800, quanto uma aproximação à tradição platônica e um distanciamento dela. A aproximação está na ideia de rememoração associada ao ato de conhecer, e o distanciamento reside em não adotar uma doutrina das Ideias no sentido platônico forte, o que começa a mudar a partir de 1801, por exemplo, no diálogo *Bruno* (1802). A referida unidade com a natureza foi perdida pela especulação (IPhN 71-72), e a filosofia da natureza busca reintegrar o ser humano com a natureza, fazendo-o reconhecer a si mesmo como parte dela. Com base nisso, é possível reconciliar a filosofia da natureza com a transcendental, a consciência com o aconsciente, o subjetivo com o objetivo, o ideal com o real. Como a filosofia supõe a atividade aconsciente, ou ainda, real como idêntica à atividade consciente ou ideal, então sua tendência será originariamente de retornar do real ao ideal. O trecho a seguir ilustra a forma como Schelling concebe a natureza como dotada de inteligência, como uma "geômetra adormecida":

> A regularidade exibida em todos os movimentos da natureza, por exemplo, a sublime geometria exercitada nos movimentos dos corpos

---

[7]. Algo semelhante já se encontra em Leibniz (Mon §§ 14-20, 23-25, 60), para quem a inteligência no mundo natural já existe em mônadas de vegetais e microrganismos, as entelequias. Essas mônadas, assim como os animais não humanos e mesmo os humanos, são dotadas de uma percepção que é inconsciente, em contraposição à apercepção ou consciência de si. A diferença central é que Schelling não aceita o hilozoísmo, ou seja, não pensa que toda matéria é orgânica.

celestiais, não é explicada ao se dizer que a natureza é a geometria perfeita, mas inversamente: a geometria perfeita é o [poder] produtivo da natureza [...] (Einl § I, 29).

A natureza, na transição de um estado fluido para um sólido, produz formas regulares (outro exemplo de regularidade que sugere teleologia é o caso de cristalizações do tipo superior). E no reino animal, produto de forças cegas da natureza, apresentam-se ações que se assemelham com regularidade àquelas que ocorrem com consciência, e mesmo se assemelham a obras de arte (Einl § I, 29-30), como é visível no caso da apropriação do impulso formativo de Blumenbach, que Schelling vincula com a arquitetura – uma interessante passagem em sua estética cuja menção em intérpretes é rara (JACOBS, 2011, 95; ZELTNER, 1954, 201).

Sobre o impulso formativo, em 1781 o médico e fisiólogo Johann Friedrich Blumenbach (1752-1840) publicou *Über den Bildungstrieb* (*Sobre o impulso formativo*), obra segundo a qual há um impulso causador da geração, nutrição e reprodução, sendo o impulso formativo ou *nisus formativus* diferente de todas as outras forças da natureza. O termo *"Bildungstrieb"* lembra o conceito de *Kunsttrieb* – impulso artístico – de Hermann Samuel Reimarus (1694-1768) (DURNER; JANTZEN; MOISO, 1994, 637). E, com impulso formativo, Blumenbach quer dizer uma força vital que não se deixa reduzir ao mecânico ou ao químico[8].

Com base no estudo de algas e de pólipos, Blumenbach nota que geração, nutrição e reprodução seriam modificações do impulso formativo: no primeiro caso, constrói; no segundo, mantém; e, no terceiro, repara. O cientista e médico admite que o impulso formativo pressupõe uma passagem do inorgânico ao orgânico, mas não a explica, e o cientista também declara que o impulso formativo se refere a uma força cujos efeitos conhecemos da experiência, mas cuja causa nos é desconhecida

---

8. Kant elogia Blumenbach por subordinar o mecanismo da natureza ao princípio de uma organização originária, pelo qual a capacidade da matéria em um corpo organizado se chama impulso formativo. O médico atribuiria o impulso formativo não à matéria inorgânica, mas aos membros do organismo. O filósofo diz também que sua proposta de unificação regulativa entre mecanicismo e teleologia para explicar os seres vivos encontrou aproximação com as ideias de BLUMENBACH (B 184; KU § 81, 424; UdG 180n; ZC 559n).

(DURNER; JANTZEN; MOISO, 1994, 636-644), e esse é um ponto que Schelling critica, mesmo admitindo que, na matéria orgânica, opere um impulso formativo originário que corresponde ao que permite às formações da natureza ocorrer, ao mesmo tempo, livres e em conformidade com a lei (WS 216).

Todavia, o impulso formativo é apenas uma expressão da união originária entre liberdade e conformidade a leis em todas as formações naturais, mas não um fundamento de explicação dessa própria unificação. Tal conceito pressupõe a matéria orgânica, pois cada impulso deve ser efetivo apenas na matéria orgânica, não sendo esse princípio capaz de indicar uma causa da organização, mas é o conceito de impulso formativo que pressupõe uma causa superior do organismo. À medida que se estabelece tal conceito, postula-se também tal causa, pois esse impulso não é pensável sem matéria orgânica, e esta, por sua vez, é impensável sem uma causa de todo organismo, a produtividade da natureza. O vitalismo e a teoria do impulso formativo falham na explicação da matéria orgânica, porque eles já a pressupõem (WS 216 s.; CHO, 2008, 131).

Blumenbach tentou apresentar a maneira de operar do impulso formativo em seis "leis": (1) a força do impulso formativo cessa com o envelhecimento do organismo; (2) o impulso formativo opera com força significativamente superior nos mamíferos em relação aos ovíparos; (3) o modo de agir pode ser diferente em órgãos e partes diferentes: o cérebro é quase sempre constantemente formado, ao passo que a formação dos rins e de outros órgãos internos sempre varia; (4) o impulso formativo pode modificar sua direção; (5) o desvio do impulso formativo resulta no hermafroditismo; (6) a diferença não significa algo estranho, mas um direcionamento antinatural de um impulso formativo, com o aborto como possível consequência (DURNER; JANTZEN; MOISO, 1994, 645 s.).

O impulso formativo não é fundamento absoluto da assimilação do crescimento, reprodução etc., mas apenas fundamento parcial. Trata-se de um conceito sintético, que apresenta dois fatores: um positivo, que perturba a cristalização da matéria animal, e um negativo, as forças químicas da matéria animal (WS 218), sendo correspondente ao processo químico na "construção da matéria", que veremos a seguir (AD § 60, 362 ss.).

Os três casos mencionados por Schelling (geometria detectável no movimento de corpos celestes, regularidade das formas e complexidade do reino animal) são interpretados pela noção de que há uma produtividade aconsciente, mas originalmente conatural à consciente, cujo mero reflexo observamos na natureza. Tal produtividade se assemelha, do ponto de vista da intenção natural, com o mesmo impulso cego que exerce sua influência desde a cristalização até o ápice da formação orgânica. Qual seria, no entanto, o limiar entre consciência e aconsciente? Seria ele mais tênue, então? Esse é um problema que não fica resolvido em Schelling, e apontaremos, no capítulo II, como isso acarreta problemas em sua estética.

Convém mencionar, nesse contexto, August Schlegel[9], cuja *Doutrina da arte* (1801) influenciou bastante a *Filosofia da arte* (1802-1805) de Schelling. Em um trecho dessa obra, poeta e filósofo discutem a regularidade geométrica no contexto da arquitetura, com argumentação que inicia em linhas semelhantes ao que Schelling apresenta na *Einleitung*. Segundo Schlegel, a natureza no inorgânico é produtiva com regularidade geométrica, operando sem perturbação; ao passo que as formas orgânicas não são passíveis de construção matemática, pois estão em uma base que constitui a simetria e proporção de todas as figuras (KL 163 s.).

Na passagem do líquido para o sólido, a água congela em linhas retas e em ângulos determinados: os sais e minérios se cristalizam em prismas regulares, colunas e outras figuras de muitos lados; os fenômenos de força de gravidade na queda, no lançamento e na colisão de corpos podem ser calculados com base em direções e ângulos. As fórmulas matemáticas são, para Schlegel, expressão do modo de fazer efeito das forças fundamentais da natureza (KL 164).

---

9. Schlegel estudou filosofia e teologia em Göttingen entre 1785-1794, tendo se tornado professor em Jena em 1798, por recomendação de Goethe. Trata-se de uma das figuras centrais do romantismo, cujo marco inicial é considerado a fundação da revista *Ateneu* (1798-1800) por August e seu irmão, Friedrich. A obra de A. Schlegel, ainda pouco estudada, destaca-se pela volumosa discussão sobre literatura e linguagem e seus cursos sobre belas-artes influenciaram Caroline Schlegel, De Stäel, Friedrich Schlegel, Novalis e Schelling (PAULIN, 2016, 1-2; WERLE, 2014, 9-10).

No caso dos organismos, os indivíduos determinam a si mesmos, sendo "natureza na natureza". As forças universais da natureza entram em seu círculo, mas têm que reconhecer a aspiração individual do todo, sendo por ele modificadas. A natureza, portanto, constrói ou geometricamente, ou organicamente; no caso da construção orgânica, a atividade que não se relaciona com autoconservação e perpetuação do gênero (ou seja, ao impulso formativo) se ligará ao impulso artístico (Kunsttrieb) dos animais. Exemplos são as casas dos castores e os ninhos de pássaros, que em parte são redondos; ou os casulos dos bichos de seda, teias de aranha e especialmente as colmeias, formadas por ângulos regulares e causa de admiração (KL 164 s.).

Há um entrelaçamento de liberdade e necessidade no caso do impulso formativo, e esse tipo de entrelaçamento é o que caracteriza as verdadeiras obras de arte (PhK § 19, 384): trata-se de formações de criaturas livres que servem, todavia, de instrumento da natureza, como se ela mesma constituísse tais formações de modo imediato. Os revestimentos de muitos animais são construídos de modo regular, sem que cheguemos a atribuir habilidades artísticas para elaborá-los, por exemplo: caracóis e conchas são seres quase disformes, e suas casas se transformam em linhas espirais, que seguem uma relação igual, em figuras cônicas da mais visível regularidade, que se deve ao fato de que tal resíduo seja um nível do orgânico no reino mineral (KL 165 ss.).

Schlegel considera esse olhar sobre a natureza absolutamente necessário e que nos aproximou do objeto, já que a arquitetura não imita a natureza em objetos isolados, mas no método universal dela (KL 166 s.). Schelling já adotava uma linha de pensamento semelhante no *Primeiro projeto* (1799), discutindo o impulso formativo no contexto da reprodução e da diferenciação sexual (EE 284).

A assexualidade não se demonstra no reino vegetal, tampouco no animal, e mesmo nos pólipos há funções sexuais, e o mais próximo da assexualidade seria quando não existe outra direção específica do impulso formativo. Na maioria dos insetos, o impulso artístico consiste no equivalente do impulso sexual, como no caso das abelhas assexuadas, as únicas produtivas, e sem dúvida as mediadoras por meio das quais a formação de uma abelha fêmea – em que o impulso formativo de todas as abelhas restantes se concentra – é alcançada. É digno de nota que a maioria dos insetos perde o impulso artístico após o desenvolvimento sexual (EE 103).

A exposição de Schelling sobre a arquitetura, na *Filosofia da Arte*, mescla essa concepção do *Primeiro Projeto* com a de August Schlegel, chegando o filósofo a afirmar que as obras de arquitetura ecoam "produções do impulso artístico dos animais" (PhK § 107, 527 s.).

O impulso artístico dos animais não é senão uma direção ou modificação determinada do "impulso universal formativo" (PhK § 107, 523). A melhor demonstração que Schelling afirma aduzir é a de que, na maioria das espécies, o impulso artístico entra como equivalente do impulso de procriação, como nas já mencionadas abelhas-operárias. Em outras espécies, o fenômeno do impulso artístico acompanha o da metamorfose e desenvolvimento sexual e, desenvolvido o sexo, o impulso artístico desaparece, havendo também espécies em que as exteriorizações do impulso artístico antecedem temporalmente o acasalamento, como no caso de várias espécies de pássaros.

O impulso artístico pode reverter em mero impulso de cristalização, que conduz à cristalização orgânica completa, apresentando elo com a corporeidade morta, e a colmeia da abelha é usada como exemplo. Aquilo que cristaliza mais rápido que a colmeia pertenceria a um inseto que tem mais impulso artístico que a abelha (EE 340 s.).

As abelhas produzem a partir de si mesmas a matéria de seus "edifícios"; a aranha e o bicho-da-seda retiram de si mesmos os fios de suas teias, existindo também casos em que o impulso artístico se perde totalmente em sedimentações orgânicas exteriores, que permanecem em coesão com o producente ou o animal: como os produtos dos pólipos que habitam os corais, as cascas dos moluscos e ostras, ou mesmo as carapaças petrificadas de alguns insetos e do caranguejo aos quais, por isso, falta o impulso artístico, que se perde na produção de tais carapaças (PhK § 107, 523). Schelling chega a mencionar que todos esses animais são conduzidos por um espírito poderoso que, todavia, brilha com maior intensidade no ser humano (ÜdV 299). Em termos de aconsciente ou ação da natureza, a arquitetura é uma canalização do impulso formativo na forma de impulso artístico, sendo esse nexo entre sexualidade e criação artística um ponto pouco explorado em Schelling.

Do ponto de vista da estética, a primeira "lei" de Blumenbach nos é de grande interesse, uma vez que, segundo ela, a força do impulso formativo cessa com o envelhecimento do organismo. No caso da arquitetura, cuja contribuição aconsciente reside no impulso formativo, isso significaria que o arquiteto, uma vez tendo atingido certa idade, perderia em suas criações, do ponto de vista do aconsciente? Desse modo, o arquiteto idoso teria técnica avançada, mas perderia seu talento? Isso não rompe com o equilíbrio entre natureza e necessidade que constitui a verdadeira obra de arte? (PhK § 19, 384)

De outro lado, a segunda lei de Blumenbach nos fala que o impulso formativo opera com força consideravelmente superior nos mamíferos que nos ovíparos, e isso pode ser um bom argumento a favor de uma evolução das construções animais rumo à arquitetura humana. Schelling não se debruça sobre essas questões, mas esse ponto nos mostra uma aporia inerente a se conciliar pressupostos de uma filosofia da natureza com os de uma filosofia da arte, e algo semelhante será notado no capítulo III, quando da distribuição schellinguiana das artes plásticas com base em sua concepção de matéria.

O capítulo seguinte abordará as implicações dessa concepção de natureza como produtividade e como aconsciente na criação artística. Por enquanto, veremos nas duas seções seguintes outra expressão da produtividade da natureza, essencial para se apreender adequadamente seu pensamento sobre a arte: a concepção dinâmica de matéria.

4. Construção da matéria e processo dinâmico: a herança kantiana

A química é um campo importante para Schelling, chegando um intérprete a afirmar que ele não buscava apenas analogias químicas, mas uma filosofia química (GRANT, 2010, 61)[10]. Essa é uma diferença

---

10. Exposições schellinguianas sobre a química se encontram, por exemplo, em AD §§ 32-45, 321-341; AÜ 70; IPhN 111-144, 286-305; SdgPh §§ 168-176; 341-354; 322-336; StI 144 ss.; WS 78-92. No caso da eletricidade, ver AD §§ 16-29, 307-318; EE 94,

digna de nota em relação a Kant, para quem a química era apenas uma técnica sistemática, ou doutrina experimental (MAN 470 s.), dotada de princípios meramente empíricos que não permitem apresentação *a priori* na intuição, ou seja, seus princípios não seriam receptíveis à aplicação matemática.

O desenvolvimento de visões teóricas sobre a ligação química foi essencialmente marcado pelo domínio cada vez mais forte da atomística, como no caso de Boyle, que foi influenciado pelos projetos teóricos de Descartes e Gassendi, introduzindo a teoria atômica na química, vinculando-a ao seu conceito de elemento (DURNER, 1994, 36).

O modelo cartesiano de pressão e choque, importante para Boyle, será de grande relevância para teorias antiatomistas que se baseiam nas ideias de atração e repulsão, como em Kant e Schelling. Teses fundamentais atomistas do fim do século XVIII podem ser sintetizadas da seguinte maneira: (1) a matéria preenche o espaço meramente por sua existência; (2) a matéria é absolutamente impenetrável; (3) a matéria não é divisível ao infinito, mas é composta de partículas indivisíveis, embora extensas, chamadas átomos; (4) há espaços vazios entre os átomos; (5) a densidade e o relaxamento dos corpos dependem da quantidade de espaços (DURNER, 1994, 37).

Uma alternativa para as explicações atomistas dos processos químicos – que alcançaram o auge até a época de Schelling em Le Sage[11] – foi dada pelas teorias dinâmicas, que se inauguraram com a filosofia da natureza de Kant. Todas essas concepções concordam em teses fundamentais que tornam mais clara a diferença específica em relação aos modelos atomistas (DURNER, 1994, 41): (1) a essência da matéria repousa em forças de repulsão e de atração, e devido a essas forças fundamentais a matéria preenche o espaço; (2) a impenetrabilidade da matéria é apenas

---

283; IPhN 144-166; SdgPh §§ 165-167; 336-341; StI 143 s. Finalmente, acerca do magnetismo, cf. AD §§ 8-15, 300-306; IPhN 166-173; SdgPh §§ 147-164; StI 140 ss.; WS 171-179. Geralmente, há exposição de experimentos de cientistas como Bernoulli, Brugman, Coulomb, Erxleben, Franklin, Volta. Para a história das ciências naturais estudadas por Schelling, cf. o volume especial da HkA (DURNER et al., 1994).

11. Georges-Louis Le Sage (1724-1803) foi um cientista suíço e um dos enciclopedistas. Inventou o telégrafo elétrico e antecipou a teoria cinética dos gases.

relativa, e não absoluta, mas consequência da força de repulsão da matéria, que pode ser penetrada em soluções, por exemplo; (3) a matéria é divisível ao infinito; (4) a matéria preenche o espaço como um contínuo, com consistência; (5) a matéria preenche todo o espaço com sua continuidade. Kant lançou as premissas de uma teoria dinâmica da matéria com os *Princípios metafísicos da ciência natural* de 1786: forças originárias de atração e de repulsão seriam condições de possibilidade da matéria como objeto de uma intuição sensível, e ambas as forças operam na matéria com conhecida intensidade, resultando no preenchimento do espaço e na continuidade da matéria (DURNER, 1994, 42). A força de atração é força motriz por meio da qual uma matéria é a causa da aproximação de outras (ou pela qual impede a remoção de outras de si mesma). A força de expulsão (repulsiva), por sua vez, possibilita uma matéria ser causa do distanciamento de outras, ou resistir à aproximação de outras (MAN 498).

Apenas essas duas forças motrizes da matéria podem ser pensadas, pois todo movimento que a matéria pode imprimir em outra deve ser visto como uma linha reta entre dois pontos; entretanto, na linha reta, só há dois movimentos possíveis, um pelo qual duas partes se distanciam uma da outra, e outro movimento mediante o qual dois pontos se aproximam um do outro. A força causadora do primeiro movimento consiste na força de repulsão, ao passo que a causa do segundo movimento se chama força de atração, de modo que apenas esses dois tipos de força podem ser pensados como aquilo a que todas as forças motrizes na natureza material podem ser reduzidas (MAN 498 s.).

A impenetrabilidade, como propriedade fundamental da matéria, é capacidade de expansão da matéria. Ora, uma força motriz essencial, por meio da qual as porções da matéria partem uma da outra, não pode ser limitada, pois a matéria busca continuamente ampliar o espaço que preenche e tal força não pode ser determinada somente pelo espaço a certo limite de extensão. Isso não é possível, pois a matéria, embora possa conter o fundamento de certa contenção de força expansiva proporcionalmente ao seu expandir, nunca pode conter o fundamento do ato de dissipar essa força expansiva, já que graus maiores são sempre possíveis ao infinito. Assim, a força repulsiva da matéria, por si só, não encontra limites para sua expansão (MAN 503).

Deve haver, portanto, a força de atração, evitando a dispersão ao infinito da matéria. E se só houvesse forças de repulsão, o espaço seria vazio e, estritamente falando, não haveria matéria. Em razão disso, toda matéria exige, para sua existência, forças opostas à expansiva, ou seja, forças compressoras, de atração. Estas, todavia, não podem ser buscadas em outra matéria, pois também exige forças compressoras, caindo-se em um regresso ao infinito. Logo, deve haver uma força original da matéria agindo em direção oposta à força repulsiva, chamada por Kant força de atração em geral. Essa força, por sua vez, pertence à possibilidade da matéria como matéria em geral, precedendo todas as diferenças na matéria, sendo uma atração originária atribuída a toda matéria como força fundamental (MAN 509).

A atividade da atração universal, que é exercida imediatamente sobre toda matéria, a todas as distâncias, chama-se gravitação; já a tendência a se mover em todos os lugares na direção da gravitação maior é o peso (MAN 518). A gravidade (força imediata de atração) e a elasticidade (força imediata de repulsão) apresentam, *a priori*, propriedades gerais de toda matéria, sendo a diferença específica da matéria algo que não se deixa determinar *a priori*, mas empiricamente. A teoria dinâmica da matéria de Kant parte da divisibilidade da matéria ao infinito e recusa as hipóteses atomistas do espaço vazio das partículas últimas indivisíveis da matéria (DURNER, 1994, 42 s.).

É interessante notar que o ponto em que Schelling mais segue Kant, sua teoria da matéria, é a segunda seção dos *Princípios metafísicos da ciência natural* (a Dinâmica) em que Kant mais se aproxima de Leibniz e se afasta de Newton, e é digno de nota que aderir a outros pensadores em detrimento de Newton é recorrente em Schelling, seja aceitando em parte a dinâmica de Kant, seja em seus elogios a Kepler (IPhN 193; StI 323) ou – o que mais nos interessa para a estética – em sua predileção pela doutrina das cores de Goethe (EE 283; PhK § 84, 510; WS 251).

Schelling difere de Kant, todavia, por pensar a matéria não analítica, mas sinteticamente, por meio de uma gênese da matéria, de uma reconstrução lógica do ato de intuir a autoconstrução da matéria (AD § 31, 319; DURNER, 2004, 282). Não entraremos no mérito de Schelling ter lido corretamente Kant, mas buscaremos apresentar sua crítica para compreender melhor o próprio projeto filosófico.

Schelling apresenta duas objeções à construção kantiana da matéria: (1) ela só vale para o ponto de vista da mecânica, em que a matéria já é dada como produto, e (2) ela é incompleta, pois Kant iguala força de atração e força gravitacional, mas aquela é, na verdade, uma força plenamente distinta da gravidade, na medida em que se aplica totalmente à construção do produto, ao passo que esta se aplica além do produto, unificando atração e repulsão (EE 309):

> Não se trata meramente da concorrência de duas forças, a de atração e a de repulsão em geral, mas de *um determinado comportamento recíproco de ambas em relação ao espaço*, que torna a matéria possível, cujo derivar é precisamente a tarefa posterior de nossa investigação. A força de repulsão não fornece, *em si*, as três dimensões, como é pressuposto por Kant e em geral por quem veio após ele, pois a terceira dimensão aparece apenas como membro comunicador de uma determinada relação que, se não dever ocorrer oposição na natureza, deve ter lugar entre ela e a força de atração. De fato, a força de repulsão opera em todas as *direções* (embora apenas uma vez que tenha sido limitada pela força oposta, pois no infinito não há direção *alguma*), mas isso também vale para a força de atração. O corpo eletricamente negativo, que opera por meio de um excesso dessa força, estende esse efeito em todas as direções tal como o corpo eletricamente positivo, sem que, por isso, o espaço seja preenchido. Portanto, não é esse efeito em todas as direções *em si*, mas é uma determinada relação da força de repulsão com a força oposta a ela, por meio da qual todo efeito se torna um efeito em todas as *dimensões*, isto é, um preenchimento efetivo do espaço (com matéria) (AD § 31, 319-320).

Essa crítica é, em parte, análoga à que Schelling tece contra Blumenbach, como visto na seção anterior: o impulso formativo não é a explicação mais adequada da formação da matéria orgânica, porque a pressupõe. Analogamente, a força de atração não explica a gravidade, mas, antes, a pressupõe, não sendo a interação entre forças explicável apenas pelas forças de atração e de repulsão, porém pela inter-relação entre elas e por uma terceira força que as sintetiza e que será representada pela gravidade. É interessante notar como a valorização experimental da eletricidade, especialmente dos estudos de Coulomb (AD § 22, 311-312), permite a Schelling se confrontar de forma crítica com a concepção kantiana de matéria.

Mencionamos anteriormente que a filosofia da natureza recebe nomes alternativos, como "empirismo elevado à incondicionalidade", "física especulativa" e "espinozismo da física", mas ainda não fizemos alusão a outro nome: "atomismo dinâmico". Tal termo se justifica pela ênfase na noção de força, sendo "dinâmico" aqui não meramente sinônimo de atividade e movimento, mas de jogo de forças em oposição.

Schelling considera sua posição como "atomista" em certo grau não por defender a indivisibilidade da matéria, mas por afirmar algo simples como fundamento de explicação ideal da matéria: ações e forças. Influenciado por Leibniz (Mon §§ 1-2, 36, 65-69) e por Kant, Schelling defenderá que a matéria é divisível ao infinito, mas sua filosofia põe o simples como o puramente produtivo, sem ser produto, tratando-se de "atomismo dinâmico" (EE 277; Einl § VI, 49). O simples só se deixa pensar dinamicamente e, como tal, não está no espaço, não sendo possível intuição empírica dele, senão por meio do produto.

Se a evolução da natureza fosse completa (o que seria impossível, por se tratar de algo permanente), após a decomposição de seus produtos em seus fatores, nada restaria senão fatores simples que não são mais produtos. Os fatores simples só podem ser pensados como ações originárias, ou como produtividades originárias, e tais ações simples não se indicam efetivamente, devendo ser pensadas como fundamento ideal da explicação de toda qualidade, de modo que o indivisível não pode ser uma matéria e, conversamente, deve estar além da matéria: mas além da matéria só há pura intensidade, e esse conceito é expresso pelo de ação (EE 277 s.).

A filosofia da natureza também aceita, com a física dinâmica, que o fundamento das qualidades não está em partículas materiais, sendo cada ação pura atividade, e a atividade é anterior à matéria. Todavia, a filosofia da natureza discorda da física dinâmica por não pensar que a diversidade da matéria seja apenas relação entre forças atrativas e repulsivas, o que resulta no fato de que a *Naturphilosophie* não é nem dinâmica no sentido comum, nem atomista no sentido corriqueiro, mas atomismo dinâmico (EE 278).

Kant lidou, em sua dinâmica, somente com o conceito de matéria de forma analítica, limitando-se a conceber a possibilidade da construção da matéria com base em duas forças – atração e repulsão –, tendo decidido pela impossibilidade de uma construção sintética. Já a filosofia da natureza toma o caminho oposto, não sabendo acerca do produto (cuja investigação compete à física empírica), mas sobre o puramente produtivo na natureza, postulando ações como algo último, irredutível na natureza, ativo sem substrato e anterior a todo substrato, tratando-se de um poder produtivo que existe apenas idealmente na natureza, pois nunca se chega aos fatores simples (irredutíveis) da evolução infinita da natureza (EE 142). Forças expressivas da matéria se dão nos processos químicos, na eletricidade e no magnetismo.

5. Construindo as três dimensões

O conceito de matéria é tão importante que Schelling chega a afirmar que a única tarefa da ciência natural é construir a matéria (AD § 1, 297) e, uma vez que a investigação de cada fenômeno na natureza é uma tarefa sem fim, a filosofia da natureza oferece princípios gerais de toda produção da natureza, cuja aplicação é uma tarefa infinita para todas as dimensões. Por "construir", Schelling não quer dizer gerar, mas sim elucidar racionalmente como a matéria é possível no universo.

A construção da matéria foi abordada por poucos intérpretes (CHO, 2008, 94-112; GONÇALVES, 2015b, 13-22; LEYTE, 1999, 2000; SCHLANGER, 1966, 83-92) e em nenhum destes as repercussões na estética do filósofo foram analisadas, sendo os textos de Barros (2010), Jacobs (2011) e Zeltner (1954) os únicos casos em que encontramos menção a esse problema, justificando que ofereçamos uma contribuição a mais nesse denso tema.

Na *Dedução geral do processo dinâmico* (1800), o tratamento mais elaborado da matéria empreendido pelo filósofo, a tridimensionalidade da matéria é pensada como resultado da autoconstrução desta com base em forças (DURNER, 2004, 281; GRANT, 2006, 119). O objetivo é demonstrar a efetividade da sucessão dinâmica de estágios da natureza, das três dimensões da matéria rumo ao reino do orgânico.

A matéria orgânica é reconhecida como a inorgânica repetindo-se em uma potência superior, sendo as categorias da construção da matéria dadas paralelamente às da construção do produto orgânico, tendo como consequência o fato de que a investigação empreendida pela *Dedução geral* é a mais abrangente da filosofia da natureza (AD § 3, 298).

Como justificar racionalmente a existência da matéria? O ponto de partida é o confronto entre as forças de repulsão e de atração, como em Kant, mas Schelling modifica o papel da gravidade, não a pensando como equivalente à força de atração, e sim como força sintética que equilibra as demais forças. Se só houvesse força de repulsão, a matéria se estenderia ao infinito, ao passo que, se só houvesse força de atração, a matéria compacta não seria capaz de preencher o espaço. O filósofo demonstra como, precisamente graças a três fenômenos – magnetismo, eletricidade e processo químico –, e apenas por meio destes, a construção da matéria se completa, o que só pode ser mostrado com base na relação entre tais funções e as dimensões do espaço. Essa investigação já se iniciou na *Introdução ao projeto de um sistema de filosofia da natureza* e no *Sistema do idealismo transcendental*, mas seu desenvolvimento é amadurecido na *Dedução geral* (AD § 4, 298).

Schelling explica apenas no § 30 algo que já poderia ser elucidado mais ao início do tratado: os "momentos" da construção da matéria são diferentes apenas do ponto de vista da especulação, ou seja, na natureza não se percorre cada momento sequencialmente no tempo, tratando-se de momentos fundados dinâmica ou metafisicamente. Schelling chama tal processo uma construção genética, sendo necessário deixar claro como é possível, tomando como princípio as forças de atração e de repulsão (não só com base nelas, mas na relação entre elas, e também por meio da gravidade e da luz), que um espaço seja, de fato, preenchido (AD §§ 30-31, 318-320).

Um pressuposto necessário para a dedução do processo dinâmico é a oposição de forças no sujeito ideal da natureza, tendo em mente, como foi dito, que a força que se direciona ao exterior se chama expansiva, ao passo que a força pensada como retornando à natureza é uma força repulsiva ou de retardo. A primeira é pura produção, em que nada se diferencia; já a segunda promove uma cisão dentro dessa identidade geral, sendo a primeira condição da produção efetiva, que se torna apreensível sensivelmente – observamos aqui a dinâmica produtividade-desaceleração, ilimitado-limite novamente em jogo (AD § 5, 299).

Essas forças pertencem ao mesmo sujeito, não podendo ser opostas uma à outra meramente de forma relativa, mas devem ser absolutamente opostas. Ambas as atividades partem de pontos distintos, não sendo a força desaceleradora da natureza em geral força originária, mas uma força meramente derivada, que repousa sobre o enganoso jogo de forças expansivas que se limitam mútua e reciprocamente (AD § 6, 299).

A força de repulsão representa a autoatividade espiritual acosnciente, originária, ilimitada em sua natureza; ao passo que a força de atração representa a atividade espiritual consciente, determinada, conferindo forma, limite e contorno a tudo (IPhN 223). Essa limitação por uma força ordenadora confere uma ordem inalterável ao todo dos fenômenos, desde que nunca deixe de ser oposta à outra força, expansiva – a proximidade com as noções de limite e ilimitado mencionadas na seção 2 do capítulo I é notável (AD § 6, 299).

Diante dessas duas atividades opostas, deve haver uma terceira força que expressa o esforço infinito da natureza para retornar à identidade absoluta, de que foi arrancada por uma cisão originária e em que não havia oposição entre forças (AD § 7, 300), ou seja: na natureza, não se pode pensar em oposição de ambas as atividades, sem que nesse ato surja uma nova síntese de ambas. Se um ponto A surge da separação das duas forças, a força positiva pode operar em todas as direções com base nesse ponto, podendo a força negativa ou limitadora operar em todas as direções, mas apenas imediatamente, ou a distância (AD § 8, 300 s.).

Na linha, há um ponto em que a força positiva se verá de tal modo limitada pela negativa, e esta por aquela, que ambas atingem um equilíbrio e, à medida que essas duas forças se mantenham em equilíbrio relativo em um ponto C, por meio deste é dada a linha, ou a dimensão pura do comprimento, e o mesmo se aplica à natureza, em que o comprimento só pode existir na forma desses três pontos (AD § 9, 301 s.;

§ 11, 303). A linha é o ato mais puro de reparação da totalidade do espaço; a "alma de todas as figuras", razão pela qual os geômetras, incapazes de derivá-la ou gerá-la da totalidade, postulam-na, mostrando que ela é muito mais uma ação que um ser (Bru 263 s.).

O magnetismo é parte integrante da construção de toda matéria, constituindo uma força substancial que não pode ser separada da matéria de forma alguma; todavia, a prova nos mostrou que o magnetismo nos apresenta a matéria no primeiro momento da construção, em que as duas forças se indicam como unificadas em um ponto, e em que a única disposição própria à construção da matéria nesse ponto é a dimensão do comprimento, ilustrado pelos polos do ímã, que representam as duas forças originárias que aqui se mostram em pontos opostos, ainda que unidas em um único e mesmo indivíduo (AD § 15, 305). A prova científica dessa relação entre magnetismo e linha se deve ao magnetismo só operar na dimensão do comprimento, algo comprovado pelo fato de que podemos considerar o ímã uma linha reta entre dois polos, tal como nos experimentos de Brugman com ímãs e pequenas barras de ferro (AD § 21, 309 s.).

Pensamos a força de expansão como operante em todas as direções, de modo que a força de atração também limitará a força de repulsão segundo todas as direções e, ao inverso, se a força de expansão só tiver uma direção na linha ACB, a força de atração tende a limitar a força de expansão em todas as direções ao infinitamente pequeno (AD § 17, 306 s.).

Ambas as forças, na medida em que permanecem em equilíbrio relativo, determinam reciprocamente a direção de uma linha ACB, a força negativa só podendo se separar em relação à positiva e vice-versa, e ambas só se separam em relação a um ponto C (AD § 18, 307). Como esse ponto tem uma força dinâmica de movimento, ele deve poder se mover simultaneamente em direção a cada um desses pontos e, como agora se pode mover em todas as direções, tanto em "C" como em cada um dos pontos seguintes da linha, seguirão outras direções que constituem um ângulo junto com a linha originária ACB. Desse modo, temos a passagem da dimensão do comprimento à largura, ou a linha agora pode ser pensada em um plano (AD § 18, 307).

A prova da identidade entre o segundo momento da construção da matéria e a eletricidade no processo dinâmico é que, tal como aquela conduz do segundo ao primeiro momento, a eletricidade conduz de volta ao magnetismo, que só dispunha da dimensão do comprimento, e agora passa a ter a dimensão de largura (AD § 21, 309 s.).

Corpos pontudos em contato com planos, comuns em fenômenos elétricos, assim como experimentos de Coulomb e de Erxleben, forneceriam evidência empírica da relação entre eletricidade de segunda dimensão (AD §§ 22-27; 311-317). O caso da eletricidade, todavia, ainda não fornece uma comunicação em sentido estrito, que é consequência necessária da concepção dinâmica desses fenômenos (AD § 25, 314).

Schelling defende que suas explicações provam ser a eletricidade um fenômeno dado na superfície, sem penetração, e agora considera possível avançar para o próximo estágio na dedução da matéria, que nos conduz à terceira dimensão, em que há profundidade, necessária para a construção de todo produto real (inclusive organismos e o que mais nos diz respeito, ou seja, as obras de arte). Nessa via, a dinâmica de Kant é criticada por atribuir à força de repulsão, em si, três dimensões, pois, na verdade, a terceira dimensão é um membro mediador entre determinadas relações. O corpo eletricamente negativo, que opera por um excesso dessa força, estende seu efeito em todas as direções como o eletricamente positivo, sem que, por isso, o espaço seja preenchido (AD § 29, 318; § 31, 319).

O fundamento do que une o primeiro e o segundo momento não pode estar nem nas forças de atração, nem nas de repulsão, mas na de interação entre elas. Tal princípio não pode estar na força de repulsão, dado seu limite pela força de atração; e tampouco pode ser buscado nesta, pois ela deve se limitar a um fundamento exterior às duas forças (AD § 32, 321 s.): a própria natureza como produtividade, o próprio ato de construir, ou as ações simples a que Schelling se refere (AD § 37, 327; EE 277; Einl § VI, 49). A relação entre construção da matéria e produtividade da natureza é expressa por Schelling também na seguinte passagem: "[...] a natureza produz toda multiplicidade de seus produtos diferentes por meio de qualidades no mundo orgânico por meio da mera mistura de magnetismo, eletricidade e processo químico em diferentes relações (AD § 62, 363)".

No primeiro momento da construção da matéria (magnetismo), as duas forças estão unidas em um sujeito, mas se separam; já no segundo momento (eletricidade), elas se separam em sujeitos distintos; e, finalmente, no terceiro (processo químico, especialmente o galvanismo)[12], ambas ficam tão unidas em um sujeito comum, que no produto como um todo não há um ponto em que ambas as forças não estejam formadas simultaneamente: o produto inteiro é indiferente agora (no sentido de não haver mais diferença entre forças) (StI 144).

Esse terceiro momento da construção na natureza é indicado mediante o processo químico, por intermédio do qual, em dois corpos, permite-se representar apenas a oposição originária entre duas forças, que se interpenetram reciprocamente. Tal oposição originária, entretanto, não é pensável sem que haja em cada corpo uma força que proporcione o equilíbrio absoluto, de modo que, por meio da terceira força, as duas contrapostas se interpenetram. Nesse caso, em cada ponto, as forças de atração e de repulsão são diferentes no produto, acrescentando-se a terceira dimensão às primeiras, garantindo que o processo químico opere em três dimensões, e não só no comprimento (como o magnetismo) ou o comprimento acrescido da largura (como na eletricidade) (StI 145). É apenas com três dimensões que a penetrabilidade é possível, e a tridimensionalidade da matéria corresponde ao processo químico, em que finalmente a penetração para além da superfície é possível, e cuja prova empírica está na eletrólise da água, ou seja, sua decomposição, por meio de uma corrente elétrica, em hidrogênio e oxigênio (AD § 41, 336; § 45, 341; § 57, 357-358).

---

12. Galvanismo é o nome dado às teorias sobre os efeitos da eletricidade em tecidos animais estabelecidas pelo médico e físico italiano Luigi Galvani (1748-1798) em sua obra *De Viribus Electricitatis in Motu Musculari Commentarius* (1791) e completadas pelo também italiano Alessandro Volta (1745-1827). Volta corrigiu a concepção do colega Galvani segundo a qual o galvanismo seria uma forma de eletricidade animal e mostrou que, ao invés disso, os fenômenos galvânicos se devem à existência de condutores de primeira e de segunda classe (metais e eletrólitos), evidenciando a existência de eletricidade no contato entre dois metais, estabelecendo que as duas classes de eletricidade (galvânica e de fricção) têm exatamente a mesma natureza (SCHELLING, 2019, 84n). A pilha de Volta por ele desenvolvida foi a primeira fonte artificial de corrente elétrica contínua, e o uso da palavra "volts" para indicar a unidade de força elétrica é em sua homenagem.

O terceiro "momento" da dedução é uma síntese entre os dois primeiros, em que há uma oposição, que não cessa, propagando-se em profundidade: assim, tem-se a terceira dimensão (profundidade, ou densidade), que nos permite conceber a figura do cubo (AD § 34, 323). Schelling confere papel à gravidade no terceiro momento, que é o da unificação das forças de atração e de repulsão (AD § 39, 330 s.), chegando o filósofo a afirmar que "construir um produto e tornar a gravidade possível são uma e a mesma coisa" (AD § 39, 330).

> [...] como a matéria deve essa propriedade – a saber, a de atuar como massa igualmente sobre qualquer outra massa com a força de atração comunicada pelas outras massas, que de modo algum é uma força penetrante *em si* – apenas à terceira força, que unifica sinteticamente a força de repulsão com a força de atração, então essa força, como aquela que torna possível o *peso*, chamaremos com razão de *força da gravidade*, e a consideraremos a gravidade geral como fenômeno mais originário, por meio do qual toda força construtiva se dá a conhecer, na medida em que ela continuamente fornece a condição sob a qual a [...] força de atração se torna uma força penetrante ou atuante na massa (AD § 39, 330).

Nesse trecho, o filósofo indica como a força sintética deve ser pensada como gravidade, destacando seu papel originário na gênese transcendental (ou construção) da matéria. O limite de Kant residiria em não ter dado esse passo além da oposição entre forças de expansão e de repulsão, tendo faltado uma síntese entre ambas. No terceiro momento da construção da matéria, correspondente ao processo químico, Schelling afirma que percebemos como matéria, na verdade, um símbolo sensível da interação entre as duas forças mediadas pela gravidade (AD § 35, 325), resgatando a ideia de atomismo dinâmico, ou seja, a concepção segundo a qual os constituintes últimos e irredutíveis da natureza são forças, atividades, ações. Com isso, fica nítido o vínculo entre construção da matéria e produtividade da natureza, de modo que as forças de atração e de repulsão, negativa e positiva, ecoam a dinâmica entre produtividade e desaceleração e encontram expressão empírica nos polos positivo e negativo do ímã e das pilhas usadas em experimentos de eletromagnetismo e química.

Tanto no início quanto no fim do tratado da *Dedução geral*, o pensador alemão enfatiza a produtividade da natureza como aconsciente, resultado de uma inteligência "petrificada" (AD § 1, 297; § 63, 366), radicalizando a visão apresentada em 1797 (IPhN 223), segundo a qual apenas as forças de repulsão seriam aconscientes. A ideia de a matéria ser trabalhada com base no aconsciente nos é significativa, tendo em mente que a atividade do gênio é, em parte, potenciada pelo próprio aconsciente da natureza – fazendo bastante sentido que o trabalho com a matéria na arte plástica seja uma espécie de reconstrução da matéria, ou de construção em potência superior.

Além da gravidade, é digno de nota o papel da luz na sua teoria da matéria: a luz está presente em todos os fenômenos indicados (magnetismo, eletricidade e processo químico), mas apenas de maneira ideal, e não real. A luz ocupa o espaço, sem preenchê-lo, não sendo nem matéria, mas a própria construção do preenchimento do espaço, ou o "reproduzir do produzir", e ela consegue atravessar corpos transparentes, sendo análoga à penetração na matéria, porém sem deformá-la ou perfurá-la (AD § 43, 337 s.). Consideramos esse argumento artificial, pois há processos químicos que independem da luz, ou que são prejudicados pela luz, como a fermentação.

A filosofia da natureza de Schelling, mesmo que confusa em sua construção e com limites inerentes a seu tempo – como sempre ocorrerá na filosofia –, é prova de que Schelling não é um pensador eclético, que simplesmente mescla coisas de que gosta, mas sintético, pois sabe o que é e o que não é compatível com sua filosofia. Ela é "científica" sem cair em reducionismos, "espinozista" sem determinismo ou compatibilismo, "atomista" sem incorrer em mecanicismo, "platônica" sem subestimar o mundo natural, e "kantiana" sem cair em idealismo subjetivo.

Schelling elabora uma concepção dinâmica de natureza com a ideia de polaridades, segundo as quais algo se estende ilimitadamente e outra coisa a contém, ramificando-se em diversos graus: ilimitado e limite, produtividade e desaceleração, aconsciente e consciência, força de repulsão e força de atração. Na estética, essa dinâmica continua na forma de atividades aconsciente e consciente do gênio, um dos temas de nosso próximo capítulo. O capítulo I conferiu primazia à natureza, ao passo que o capítulo seguinte nos apresentará a relação entre natureza e espírito, cuja expressão mais elevada encontrada é a obra de arte, apresentação da totalidade no particular, do infinito no finito. Com base nisso, trabalharemos o paralelismo entre a produtividade da natureza e a criação artística, buscando apresentar seu fundamento: o conceito de absoluto, pura autodeterminação e autocriação de que se origina a própria produtividade da natureza e em que se encontra a identidade originária de todas as coisas, inclusive de natureza e espírito, objetivo e subjetivo, real e ideal, representado e representante.

CAPÍTULO II
Gênio, absoluto e a plasticidade sintética da imaginação

1. Apresentação: a filosofia da identidade

No capítulo I, apresentamos o preceito de natureza como produtividade e três de seus desdobramentos – aconsciente, impulso formativo e construção da matéria –, permitindo-nos ingressar na estética propriamente dita. Diferentemente de Kant, Schelling confere pouco peso ao gosto, destacando o processo criativo e a materialidade das obras de arte, concebendo o Belo não como um sentimento diante de objetos naturais ou artísticos, mas como ideia e apresentação da totalidade em um objeto particular, como uma pintura, edifício ou poema. Neste capítulo, passaremos pelo conceito de gênio e seu vínculo com o aconsciente, demonstrando o aprofundamento de teses kantianas por Schelling, enquanto o capítulo seguinte desenvolve a materialidade.

Em sua primeira teoria estética, a do *Sistema do idealismo transcendental*, Schelling apresenta o gênio como modelo da harmonia entre a consciência e o aconsciente, mas não explica o fundamento desse acordo. O vínculo entre arte e filosofia é um fio condutor comumente adotado nas discussões sobre a estética schellinguiana, mostrando-se limitado por omitir, por exemplo, *Sobre a relação entre as artes plásticas e a natureza* (LEYTE, 2005; PAREYSON, 1987b; TILLIETTE, 1987). O paralelismo entre a produtividade da natureza e a criação artística é mais abrangente, mas seus defensores (BARROS, 2009, 2010; JACOBS, 2004; PAREYSON, 1987a, 1964; SCHUBACK, 2013) não elaboraram seu fundamento, tendo nossa pesquisa se direcionado na elucidação deste. Absoluto, potência e imaginação sustentam o paralelismo, sendo o primeiro produtividade e fonte comum de natureza e espírito. Potência opera analogamente aos modos spinozanos (E1D5)[1], sendo qualidades da substância (Deus, ou natureza) pelas quais ela pode ser concebida, fazendo-se inteligível à cognição humana. Natureza, obra de arte e instituições são diferentes potências do absoluto, configurando aspectos distintos da mesma realidade e apontando para o todo, com uma nuance em relação a Spinoza (WHISTLER, 2013, 148-151): no caso de Schelling, a dialética opera no equilíbrio entre três potências: real, ideal e indiferenciação[2]; correspondentes a natureza, história e arte.

A imaginação passa a ter um estatuto não só epistemológico, como no *Panorama geral* (AÜ 75), ou estético no sentido de um jogo de faculdades, mas uma dimensão propriamente metafísica, sendo o mundo plasmado pela mente do absoluto. Schelling fará um jogo de palavras com o termo alemão, pensando *Einbildungskraft* como força (*Kraft*) de formar (*bilden*) em um (*Eins*), servindo-se também de termos como *Einbildung* ou *Ineinsbildung*, que traduziremos por "uniformação"[3]. A imaginação pode ser compreendida como princípio da desaceleração

---

1. Um exame da importância de Spinoza na filosofia da identidade está em Vater (2012, 156 ss.).
2. A tradução de *"Indiferrenz"* por indiferenciação foi sugestão de Romero Freitas.
3. Suzuki usa o termo "formação-em-um", mas vamos preferir o neologismo "uniformação", semelhante ao que fazem Pareyson (1987a; 1964) (*uni-formazione*) e Sulzer (*uni-formation*). Cf. Suzuki (2001, 48-49n). Há uma subversão etimológica do termo, originariamente derivado não de *Eins*, mas de *In* (interno). *Inbilden* transmite a ideia de uma impressão de algo, uma "marca", e é algo que Schelling poderia ter explorado em sua ideia de imaginação divina como plasmadora tanto do real quanto do ideal. Cf. Llewelyn (2000, 211).

da natureza (JÄNHIG, 1969, 132), no sentido de conferir forma ao amorfo e de integrar todo e partes, universal e particular – entendido na filosofia da natureza pela dinâmica *natura naturans* (todo/produtividade) e *natura naturata* (parte/produto). Como a desaceleração é um modelo para compreender a criação de obras de arte, nota-se algo semelhante na estética, em que o poder de síntese imaginativa organiza o material bruto trabalhado pelo artista. A imaginação é o modo como o artista expõe o absoluto pela potência da natureza, sendo análoga ao ato do filósofo de construir, quando expõe o absoluto pela via do espírito (SHAW, 2010, 101). O símbolo, nesse contexto, expõe um objeto como universal e particular ao mesmo tempo, diferentemente do esquema, que apresenta o particular com base em um universal (como na geometria), e de modo distinto da alegoria, em que se aponta o universal tomando como princípio um particular (por exemplo, em interpretações alegóricas dos mitos).

A filosofia da identidade é pouco estudada entre os intérpretes de Schelling, tida como mera passagem da obra juvenil para a obra madura (JACOBS, 2011; KRÖNER, 1961; MATTHEWS, 2011). Concordamos com Whistler (2013, 57), porém, quando diz que tal concepção tem mérito próprio e deve ser mais estudada, não devendo ser vista como mera transição, e sim como o fundamento do que já havia sido exposto na filosofia transcendental e na filosofia da natureza. O *Sistema* de 1800 medeia idealismo e realismo (e isso se aprofunda nos anos seguintes): ambas as posturas são unilaterais, pois centralizam um polo finito do saber, seja espírito, seja natureza. Essas duas potências são expressões parciais do absoluto, sendo necessário se elevarem a ele, de modo a superarem limitações da filosofia transcendental e da filosofia da natureza (VIEIRA, 2007, 38-41).

Ao investigar duas concepções de estética, cada uma vinculada a um tipo de sistema, mostramos que aspectos do idealismo transcendental são absorvidos pelo sistema da identidade, não havendo ruptura total nem entre os dois sistemas, nem entre as visões sobre estética. A filosofia da arte recebe tratamento filosófico tanto em uma elaboração mais próxima de Kant (a de 1800) quanto no momento de adesão a teses neoplatônicas e spinozistas (1801-1806). Nota-se, na filosofia da identidade (1801-1804), um sistema em que os modos de pensar naturalista e transcendental unificam-se pela ideia da indiferenciação entre objetivo (natureza, aconsciente, necessidade) e subjetivo (espírito, consciência, liberdade). Em obras da filosofia da identidade[4], transita-se de idealismo subjetivo a objetivo, ou seja, de um pensamento nos moldes kanto-fichtianos a uma reflexão inspirada no neoplatonismo e nos dogmáticos modernos. Essa passagem já estava encaminhada pela filosofia da natureza, baseada em autores idealistas objetivos, como Platão e Plotino. Não é sem motivo que a principal divergência entre Fichte e Schelling se dava em torno do problema da natureza e de seu lugar no sistema: é ela um mero não-eu ou algo a mais?

Reconhecer a identidade sujeito-objeto permitiu uma apresentação da arte como autodesdobramento não só da natureza produtiva, mas do absoluto subjacente a essa dinâmica poiética. A estética madura apresentada na *Filosofia da arte* mantém o plano (já presente no *Panorama geral*) de uma filosofia da arte capaz de unir natureza e liberdade, mas a tarefa na *Filosofia da arte* não é propriamente unificação, e sim mostrar que natureza e história remetem, como todas as coisas, a uma identidade comum, a uma única substância, o absoluto.

2. Gênio e síntese de opostos

O gênio kantiano é inseparável do problema de regras na criação artística, visto fornecê-las tendo em vista produzir novos objetos, possibilitando inovação e surgimento de estilos. "Gênio é o talento (dom da natureza) que fornece a regra à arte" (KU § 46, 307) e, como talento é a faculdade produtiva inata do artista, pertencendo à natureza, pode-se conceber o gênio como: "[...] a predisposição inata do ânimo (engenho), pelo qual a natureza fornece a regra à arte" (KU § 46, 307). Na *Antropologia segundo um ponto de vista pragmático*, talento é uma excelência das capacidades cognitivas não dependentes apenas do

---

4. Por exemplo, *Aforismos para introdução à filosofia da natureza*, *Apresentação do meu sistema*, *Apresentações posteriores*, *Bruno*, *Filosofia da arte*, *Sistema de toda a filosofia*.

ensino, necessitando de certa disposição natural, da parte do sujeito. O talento pode ser de três tipos: engenho, sagacidade ou gênio, e cada um corresponde a uma atividade humana diferente, vinculando-se o primeiro à técnica, o segundo à ciência, e o terceiro às belas-artes (Anth § 54, 220).

Na obra de arte, a finalidade na forma parece livre da coerção de regras arbitrárias, como se fosse um produto natural, embora se deva estar ciente de ser arte, e não natureza. O produto em questão, de modo a parecer livre e gerado desinteressadamente, sem prioridade do prazer ou do conhecimento, deve ser tido como privado de intenções, ainda que tenha sido feito segundo fins (correspondentes ao aspecto mecânico que toda arte tem). Um produto artístico parece natural quando sua concordância com regras é pontualmente percebida, mas não de forma dolorosamente aparente (KU § 45, 305 s.).

As belas-artes devem necessariamente ser consideradas ofício do gênio, pois cada arte pressupõe regras por meio das quais um produto artístico é representado como possível, mas o juízo sobre sua beleza não pode ter um conceito como fundamento determinante, uma vez que o juízo estético não é um juízo teórico. A regra fornecida pelo gênio resolve esse problema, pois desperta nele a capacidade de criar ideias estéticas, um conjunto de representações da imaginação (KU § 46, 307). A ideia da razão é um conceito indemonstrável da razão, já ideia estética é uma representação da imaginação inalcançável pelo entendimento (KU § 57, 342 s.), e o campo próprio do gênio é a imaginação, porque ela é produtora e não se submete tanto a regras quanto outras faculdades, sendo capaz da originalidade (Anth § 57, 224 s.).

Schelling herda a ideia do gênio como talento da natureza, concretizado pelo artista, tornado meio de expressão de uma força criadora, apresentando duas etapas, Poesia (atividade aconsciente do artista) e Arte (aspecto consciente do fazer artístico). Essa apropriação do conceito de gênio é, em parte, um recurso para mostrar dois lados da criação artística, em que liberdade e necessidade, consciência e aconsciente se articulam.

Grande parte da obra estética de Schelling origina-se em sua atividade didática. Os cursos que o filósofo ministrou entre 1799 e 1806 foram fundamentais não só para a filosofia da natureza, mas também para a composição do *Sistema do idealismo transcendental* e dos cursos de *Filosofia da Arte*, ministrados entre 1802-1805 (KORTEN & ZICHE, 2005, 10-11)[5]. No mínimo três teorias de filosofia da arte alemã clássica surgiram de um ambiente de aulas, exposição e debates, notando-se a *Doutrina da arte* de August Schlegel e as *Preleções sobre estética* de Hegel, sistemas de estética resultantes também de atividade didática.

O idealismo transcendental expõe uma "história da consciência de si em progresso" (StI 24), em um sistema em que saber é a concordância entre objetivo (ou natureza, aconsciente, representável) e subjetivo (ou inteligência, consciência, representante) (StI 29), de modo que este não existe sem aquele, enquanto o objetivo, sendo natureza, existe mesmo sem algo que o represente, sem uma inteligência ciente dela, em um estado de aconsciência. A representabilidade da natureza, nessa perspectiva, não é algo necessário, mas circunscrito a uma espécie dentro da *physis*, o ser humano, cuja racionalidade no âmbito teórico e prático (ética, direito, instituições) é estudada pela filosofia transcendental, ao passo que a racionalidade da própria natureza e de seus inúmeros produtos (orgânicos e inorgânicos) é objeto de pesquisa da filosofia da natureza.

O nexo entre objetivo e subjetivo envolve uma "história da consciência", em que os produtos aconscientes da natureza (minerais, água, plantas, animais não racionais) são apenas buscas "falhas" no processo rumo à consciência de si, sendo organismos não humanos ainda uma inteligência imatura. A meta mais elevada da natureza é se tornar objeto de si mesma, o que se alcança pela reflexão mais elevada, a razão, presente no ser humano (StI 31).

---

5. A *Filosofia da arte* surgiu de preleções dadas por Schelling no inverno de 1802 a 1803 na Universidade de Jena, e do que o filósofo repetiu no inverno de 1804 a 1805 na Universidade de Würzburg (SUZUKI, 2001, 9), adotando noções presentes no *Sistema de toda a filosofia* de 1804. A obra consta entre seu material póstumo e foi publicada pela primeira vez em 1859, pelo filho de Schelling, Karl, o que ocorreu a contragosto do autor, que só considerava meritório publicar a parte sobre a tragédia e outras seções isoladas (BARBOSA, 2010, 37; SUZUKI, 2001, 9).

Natureza e inteligência não são pensadas como realidades radicalmente distintas, mas como um contínuo regido por uma harmonia preestabelecida, ainda que não no sentido leibniziano de uma concordância predeterminada entre natureza e graça, mas de uma harmonia atualizada a cada ato da natureza e da inteligência. A identidade entre ações aconscientes da natureza e atividades conscientes da razão e vontade humanas é comprovada por uma ação vinculadora de natureza e espírito, a atividade estética, e só se pode conceber a obra de arte como produto dessa atividade (StI 37-39).

Qualquer ação humana de um indivíduo são e em vigília pode ser pensada como resultado da consciência e do aconsciente. Por exemplo, o ato de cozinhar é impulsionado fisiologicamente pela fome, pelo aspecto natural, mas também é movido pela consciência (aprendizado da receita, controle de instrumentos). Há, como outro exemplo, um elemento aconsciente na própria filosofia e na dialética, sem a qual não há filosofia, capaz de expor o todo e exprimir o saber em formas originárias, ou ideias. Isso significa que a dialética, em parte, não pode ser aprendida, envolvendo um talento (VM 267). O específico do processo criativo é a concordância de consciência e aconsciente a resolver uma contradição infinita, atividade apenas viável no ato estético: há um equilíbrio entre consciência e aconsciente na criação do artista, e este consegue reconhecer seu produto como tal, diferentemente dos organismos não-humanos, não conscientes do que produzem.

A harmonia entre consciência e aconsciente corresponde à harmonia entre, de um lado, o mundo ideal da arte e demais produções humanas e, de outro lado, o mundo real da natureza e seus produtos. Por anteceder as formações humanas, a natureza parece superior do ponto de vista ontológico, mas como produtividade já é ato espiritual, embora em um grau menos elevado que nos seres racionais: "poesia aconsciente do espírito" (StI 39). São, de fato, séries paralelas que se comunicam a cada ato do espírito e da natureza, tendo a obra de arte um papel especial aqui, e a filosofia da arte é o "verdadeiro e eterno *órganon* e, ao mesmo tempo, documento da filosofia", por possibilitar uma elucidação racional da concordância entre leis da natureza e do intelecto, entre aconsciente e consciência (StI 328). Schelling também fala da filosofia da arte como "fecho de abóbada" do sistema, talvez em resposta à afirmação kantiana acerca da liberdade como o fecho de abóbada da filosofia (KpV A 4 s.).

Tal como a arte, a filosofia repousa na atividade produtiva, mas no sentido oposto: o produzir filosófico é voltado ao âmbito interno, refletido na intuição intelectual ou da razão, o fundamento não discursivo do saber. Este é vivido pelo artista como intuição estética, ou da imaginação, vinculada a um produzir voltado ao âmbito externo (StI 40; 325). Pensador e artista são norteados pelo mesmo princípio – a autodeterminação e o impulso produtivo. Nesse sentido, seria de fato incompreensível a uma filosofia que não se elevasse ao ideal atingir uma compreensão da arte e a sua secreta "fonte primordial". As regras da produção estética não são meramente mecânicas, o artista é autônomo e a filosofia reconhece sua legislação (VM 349), porque ela trata desta em várias esferas do ser: inteligência; consciência de si livre; natureza autoprodutiva; gênio. O filósofo não só é autônomo, mas avança ao princípio de toda autonomia.

A intuição intelectual revela o mundo como ele é: uma substância única, expressa mediante diferentes potências, em que há identidade entre todas as coisas (FD 361; SdgPh, § 11, 157). Também é chamada "órgão imutável", com base no que se desenvolvem a competência científica e a capacidade de ver o universal no particular e o infinito no finito (FD 362). Essa intuição também sugere explicações para *insights* de cientistas, ou de intuições geniais artísticas, mas não é um conceito bem fundamentado, e não é sem motivo que Kant e Hegel o recusam: ele parece prometer mais do que oferece, de fato, pois para se explicar qualquer coisa com base nele já se pressupõe como verdadeira a possibilidade de um acesso não discursivo à realidade, algo difícil de argumentar *discursivamente*[6]. Apesar de seus problemas, o conceito foi aceito durante os primeiros vinte anos de atividade filosófica de Schelling.

---

6. Problema análogo ao que ocorre na teologia negativa: como conceber o Um ou Deus como "além do ser" e explicitá-lo racionalmente?

Organismo e obra de arte são dois casos em que se tenta conceber harmonia entre aconsciente e consciência. O primeiro caso fracassa, pois organismos não humanos, para Schelling, embora tenham consciência, ainda são incapazes de consciência de si, sendo a integração entre sujeito e objeto apenas parcial, não refletida no organismo. O espírito sempre envolve finalidade; já a natureza envolve tanto mecanicismo quanto teleologia, havendo concordância entre atividade consciente e aconsciente de modo parcial no organismo, produto conforme a fins e ateleológico ao mesmo tempo. O organismo parece seguir desígnio, embora seja obra de um "mecanismo cego", e a natureza não segue intencionalidade em seus produtos, ainda que seu produto pareça conforme a fins, de modo que tentar explicá-la teleologicamente é suprimir seu caráter de natureza (StI 306 ss.).

O organismo, embora produto de forças naturais "cegas", ou aconscientes, é finalístico, e tal contradição é eliminada por modos teleológicos de explicação, de modo que eles deixam de lado uma característica essencial da explicação da natureza, que consiste precisamente em aceitar a contradição. Modos teleológicos de explicação, portanto, se mostram nocivos ao conhecimento (StI 308-10), algo que já era antecipado em sua crítica à teleologia kantiana nas *Ideias para uma filosofia da natureza* (94-97). Enquanto Kant, na *Crítica da faculdade do juízo*, passa da estética à teleologia, Schelling, no StI, passa da teleologia à estética. Embora trilhando caminhos opostos, dois textos fundadores da estética alemã clássica têm como pano de fundo um paralelo entre beleza e organismo.

Apenas um produto seria tanto natural quanto livre, em equilíbrio: a obra de arte, unificadora de características da natureza e do espírito, sendo feita com consciência, como o produzir da liberdade, e aconscientemente, como o produto natural (StI 312).

O sentimento que acompanha a intuição estética é de uma satisfação imensa e o impulso à produção artística cessa com a completude do produto (StI 315). Parte do valor da produção artística em Schelling reside na conciliação de várias oposições no intelecto humano: natureza e inteligência, aconsciente e consciência, razão teórica e razão prática. O aconsciente, a natureza, é para o artista o mesmo que, no âmbito ético, o destino é para o agente moral, ou seja: uma força desconhecida e obscura, um contraponto da liberdade, fornecendo a esta objetividade e elemento determinista. Mesclada com ação livre dos produtos, essa força permite realizar metas não representadas por nossa vontade. Esse elemento inapreensível e alheio à liberdade é dado pelo gênio (StI 316), afirma Schelling, mas, no que segue de sua argumentação, fica claro que o gênio não corresponde totalmente ao aspecto natural, ou aconsciente da criação artística, porém à concordância entre o lado aconsciente e o lado livre ou consciente. Em um trecho frequentemente citado, aponta-se um pouco da psicologia do processo criativo:

> Que toda produção estética repouse em uma oposição de atividades, deixa-se inferir corretamente da declaração de todos os artistas de que eles são, involuntariamente, impelidos à produção de suas obras; de que por meio da produção delas, apenas satisfazem um impulso irresistível de sua natureza, pois, se aquele impulso parte de uma contradição, então a contradição é posta pela ação livre tornada involuntária. Logo, também o impulso artístico deve ter sua origem em tal sentimento de uma contradição interna (StI 316).

Um ponto criticável nessa passagem é justamente seu caráter psicológico, ancorado em uma generalização problemática, a de que "todos os artistas" são impelidos involuntariamente à produção de suas obras. Esse apelo à experiência concreta do artista não tem fundamento teórico, sendo apenas observações pessoais do filósofo, sem rigor metodológico.

A produção artística inicia de uma contradição, mas termina no sentimento de harmonia, acompanhada de prazer quando o artista vê a solução de contrários em suas obras, ainda que tal resultado não seja apenas graças a si mesmo, mas a um favor da natureza (StI 317). A experiência estética, portanto, resolve um paradoxo e gera prazer negativo, no sentido de alívio oriundo da natureza, algo que não está totalmente ao alcance do sujeito (GUYER, 2014, 83).

A concorrência das atividades antitéticas, embora incompreensível plenamente, é inegável. O gênio não se explica nem só pela atividade consciente, nem só pela aconsciente, mas é o que coordena ou rege as duas atividades: uma é Arte propriamente dita, a atividade consciente, exercida ponderadamente e com reflexão; sendo ensinável e aprendida em escolas mediante ensino e prática. A Poesia, por sua vez, é nome dado a uma atividade aconsciente, correspondendo aos elementos não ensináveis e não aprendidos da criação artística (StI 318). Obras sem o elemento aconsciente têm uma "perceptível falta de vida autônoma, independentemente daquele que as produz" (ÜdV 300).

Algo não trabalhado no *Sistema do idealismo transcendental* é o fato de as artes plásticas envolverem um aspecto consciente mais forte que a poesia, por exemplo, pois envolvem mais técnicas mecânicas manuais, como na pintura, na escultura, na cerâmica etc. Ambos os componentes são sincrônicos na obra de arte, coexistindo sem disputar a prioridade ou valor, pois o essencial gênio é a coordenação perfeita entre Arte e Poesia, consciente e aconsciente, inteligência e natureza, subjetivo e objetivo. Poesia sem Arte gera produtos sem vida[7] e incapazes de gerar fruição ao entendimento finito humano, sendo incapazes de julgamento e apreciação estética, em razão das forças cegas que prevaleceriam (StI 318 s.). Embora seja mais fácil ser desprovido de Arte que de Poesia, pois todos somos seres da natureza, a Arte sem Poesia também é insatisfatória, tendendo a ser superficial e mecânica, pobre em forma e sem o fundamento profundo da natureza conferido involuntariamente às obras artísticas. Mesmo produções estéticas que envolvem técnica mecânica ou manual, como pintura, música e escultura, precisam da ação da natureza para o equilíbrio e a harmonia entre consciência e aconsciente (StI 319).

Jacobs (2004, 89 ss.) aponta um paralelo entre essa concepção de obra de arte e a de produto natural, defendendo que a estrutura

---

[7]. Essa concepção pode ser estranha ao leitor contemporâneo, pois somos mais influenciados por metafísicas vitalistas e tendemos a pensar "vida" como ímpeto criativo. "Vida" no idealismo alemão é, fundamentalmente, a vida do espírito, bem distinto do vitalismo que opõe vida a espírito.

fundamental do pensamento schellinguiano permanece em sua reflexão sobre a arte. A atividade consciente do artista ocupa, na filosofia da arte, lugar análogo à desaceleração na filosofia da natureza, ao passo que a produtividade absoluta corresponde à atividade inconsciente. Em uma linha interpretativa semelhante, Schuback (2013, 311-314) indica que a natureza como produtividade aparece na desaceleração, de modo que a produtividade cobre a visibilidade da aparência e a desaceleração descobre aquela, ou ainda: desacelerar a si mesma é como a *natura naturans* se torna visível em formas (*natura naturata*), produtos naturais ou artísticos.

Nossa interpretação é próxima da dos dois intérpretes e acrescentamos ser preciso "desacelerar" a genialidade do artista – ou seja, organizá-la com técnica e estudo – para que seu exercício criativo possa deixar rastros, precisamente as obras de arte. Estas, por sua vez, nunca são produtos prontos, mas aparentes, assim como os produtos da natureza, sempre em devir (EE 67, 81; Einl § VI, 46): a obra de arte nunca é completa, pois é aberta a novas interpretações.

É importante frisar algo não trabalhado por Jacobs e Schuback: a importância de noções como imaginação e símbolo nessa dinâmica da produtividade que se cristaliza, sedimenta em produtos estéticos. A obra de arte é resultado do ser humano, ou seja, de um produto da natureza. Este, um organismo racional, consegue transformar a natureza tanto pela técnica quanto pela arte, e a sua criatividade recebe um favor da natureza, ou da "Poesia". Sendo obra da natureza, o humano traz consigo não só a produtividade sem fim, mas também a capacidade de conter, ou desacelerar, tal produtividade, algo feito pela "Arte" ou aspecto consciente da criação artística.

Tanto na natureza quanto na arte, aquilo dotado de forma e, portanto, perceptível a nós é resultado de uma união entre universal e particular, ou uniformação. A imaginação é o que forma em um, ou seja, concilia universal e particular em um singular, em movimento dialético que permite apreensão de um objeto como encerrado em si mesmo e apresentando a totalidade em si, analogamente a uma mônada no sentido de Leibniz (Mon § 56, 82; Cf. PhK 364 ss.). O símbolo exerce papel de uniformação, pois é apresentação de um objeto como universal e particular ao mesmo tempo, é síntese. A obra de arte, segundo Pareyson (1987a, 229), encarna a ideia em um corpo, no que consiste a beleza, que não reside só no universal infinito, nem no mero real finito e particular, mas na interpenetração entre ambos, a uniformação, que acarreta uma síntese de necessidade e liberdade; espontaneidade e intencionalidade, consciência e inconsciência.

A verdadeira obra de arte é um "produto em devir", nunca pronta e portadora de uma infinitude de intenções e sentidos, razão pela qual um produto baseado apenas na intenção do artista não transmite nada além de sua atividade consciente. Toda produção estética reside no sentimento de contradição infinita, mas esse sentimento deve ser acompanhado de outro, o de satisfação, que deve ser transmitido à obra de arte, expressando repouso e grandeza silenciosa[8], tal como a natureza: "Em todas as épocas se observou [...] que os verdadeiros artistas são tranquilos, simples, grandes e necessários, como a natureza" (VM 349). Nota-se uma concepção de gênio distinta das atualmente populares, que associam gênio à loucura e à boêmia.

Arte e Poesia, duas atividades cujo lugar de encontro é o gênio, devem ser exibidas na obra de arte como unidas, resultando na exibição finita do infinito: a obra expressa o absoluto, uma infinitude de sentidos; mas o infinito exibido finitamente é o Belo (StI 320-321). Schelling critica a noção do belo natural, pois na natureza há um predomínio do aconsciente em relação à consciência; resultando em que um organismo ou uma paisagem seriam considerados belos por analogia com a beleza verdadeira, a artística. O organismo não resulta de equilíbrio entre consciência e aconsciente, não apresentando a harmonia chamada "oposição infinita". Só o belo artístico apresenta essa oposição, sendo a medida pela qual se avaliam as demais formas de beleza (StI 319-322).

No *Sistema* de 1800, a arte é *órganon* da filosofia, conferindo à história idealista da consciência de si a própria efetividade, ao apresentar o que a filosofia não pode apresentar externamente: a identidade originária

---

8. Expressão de Winckelmann (apud GUYER, 2014, 95).

entre agir e produzir aconsciente e consciente. A trajetória da inteligência é uma "*Odisseia* do espírito", em que o espírito se busca e, buscando-se, sai de si mesmo (StI 328). A produção artística é como a trajetória do filósofo: inicia-se no subjetivo rumo ao objetivo, encontra a harmonia entre ambos e retorna ao ponto de onde se iniciou a filosofar, a identidade entre sujeito e objeto (DÜSING, 2001, 35).

Por meio da obra de arte, o *Sistema do idealismo transcendental* conclui com uma "harmonia preestabelecida" entre natureza e inteligência, entre leis do mundo físico e leis que regem as atividades e cultura humanas. Todavia, o fundamento dessa harmonia ou substrato comum de ambas as dimensões do mundo orgânico (e inorgânico) não é elucidado. Schelling chega a falar "daquele absoluto" ou "eu primordial" como fundamento da harmonia preestabelecida entre consciente e aconsciente, mas não desenvolve essa noção, provavelmente de procedência fichtiana. Ele também afirma que a contradição infinita resolvida pelo artista apreende o mais radical na existência do artista, uma identidade imutável, fundamento de toda existência (StI 316 s.). A filosofia da identidade presente em obras como a *Filosofia da arte* articula absoluto e produto do gênio por meio dos conceitos de imaginação, potência e símbolo.

3. O absoluto e a imaginação

Na década de 1790, Schelling apresentou a filosofia por dois lados distintos, natural e transcendental. A partir de 1801, a tarefa foi um novo sistema, defendido como fundamento desses dois modos (DmS 3). Na *Apresentação ao meu sistema* (1801), ele adota o "ponto de indiferenciação", reconhecendo que um sistema pode ser não só idealismo ou realismo, mas também um terceiro que combine ambos (DmS 4). Trata-se, essencialmente, de uma integração de Spinoza e neoplatonismo, algo reconhecido na breve história da filosofia apresentada nas *Apresentações posteriores* (1802) (FD 401), valorizando especialmente aquele por pensar a unidade como substância.

Como em Spinoza, no absoluto não há pensamento distinto de extensão, mas uma unidade entre ambos, portanto conciliação entre forma e essência divinas, apontando para o fato de que uma aparente diferença entre espírito e matéria, na verdade, são modos da mesma substância (FD 372 s.), adotando-se um monismo, consistente com a ideia da filosofia da natureza de uma inteligência adormecida no mundo natural, mas que tende a conhecer o mundo e a si mesma cada vez mais ao longo da evolução dos seres vivos. Surge, todavia, o problema de como é possível teorizar sobre o mundo, indo para além de um arrazoado sobre atributos do absoluto (eterno, imutável etc.). Outro problema é a conciliação desses preceitos (Spinoza) com um pensamento como o da filosofia da natureza, investigadora do devir no mundo natural (Leibniz), sendo o recurso encontrado para lidar com o devir uma conciliação entre a ideia de absoluto como substância com a dialética.

Um problema na argumentação schellinguiana apontado por Hösle (2007, 66-67) é que Schelling não legitima as categorias empregadas sobre o absoluto, senão pelo uso destas por filósofos anteriores, escolhendo categorias que o interessam (indivisibilidade, eternidade, identidade) sem uma preocupação em fundamentar o uso dessas categorias senão na ideia de uma intuição intelectual, um conceito aporético, como apontado anteriormente. Essa crítica aponta um tema difícil de responder e inerente a pensadores com formação vasta em história da filosofia: até que ponto categorias são integradas ao pensamento próprio por necessidade de fato lógica, e até que ponto são integradas apenas por preferências pessoais.

Não obstante esse ponto, os conceitos apontados por Schelling são relevantes para seu empreendimento filosófico, sendo a razão pensada como o absoluto, em que há total indiferenciação entre objetivo e subjetivo, não sendo adotada dentro de uma concepção transcendental, pois esta equivale o racional ao subjetivo, ao passo que, na filosofia da identidade, a própria natureza é portadora de razão, ainda que aconsciente. Tampouco pode a razão ser pensada como apenas objetiva (AEN §§ 43-44, 148; DmS § 1, 11; SdgPh § 8, 153). Essa ideia já estava no *Sistema do idealismo transcendental* (1800), mas agora é associada a um distanciamento do idealismo de Kant e Fichte, bem como a uma aceitação maior de Spinoza e da tradição platônica.

A concordância entre objetivo e subjetivo também é o acordo entre sujeito e objeto, espírito e natureza, consciência e aconsciente, chegando o filósofo a afirmar que o eu não sabe, e sim que a razão sabe no eu (SdgPh § 1, 140), ou que a razão nos possui, mas não o contrário (AEN § 46, 148 s.).

No *Sistema de toda a filosofia* de 1804 e na *Filosofia da arte* (1802-1805), o filósofo passa a adotar o termo "Deus" para o absoluto, mais do que "razão", sendo os termos "Deus", "absoluto" e "razão" usados intercambiavelmente ao longo da exposição que segue. A razão se funda em si mesma e é idêntica a si própria, não precisando de um fundamento externo a ela; caso contrário, não seria absoluta (DmS § 3, 12). Se pudéssemos ver tudo o que existe na totalidade, ou seja, se conseguíssemos apreender a razão absoluta, veríamos um equilíbrio quantitativo de objetividade e subjetividade, de real e de ideal (DmS § 15, 23; FD, 374).

No absoluto, não há diferença, visto que nele o particular também é o universal, sendo precisamente a distinção entre universal e particular que permite toda diferenciação posterior e (FD 375). A valorização do particular nesse contexto é algo digno de nota, pois este só existe em relação com o todo, ou seja, pela força de autoafirmação inerente ao absoluto (ÜdV 303).

Deus não funda tudo, mas é tudo (AEN § 77, 157; SdgPh § 27, 177) e o filósofo não se pergunta pelo fundamento da realidade, mas já a assume como equivalente ao absoluto, e não *por ele* ou *nele*, pois cada coisa é percebida como diferente aspecto, ou potência do todo. Esse raciocínio é consistente com a filosofia da natureza, em que o mundo é concebido como um todo fechado em si, autoengendrado, sem uma relação de exterioridade entre criador e criatura, e em que os produtos podem ser pensados como potências da produtividade. Nesse ponto, nota-se o início de um distanciamento em relação ao neoplatonismo a partir de 1804, intensificado por volta de 1809. Não é necessário mais perguntar pelo um, ou incondicionado, como fundamento da realidade, pois a realidade é o próprio fundamento de si mesma, é a identidade entre real e ideal, objetivo e subjetivo, aconsciente e consciência, representado e representante.

A partir de 1801, a pergunta não é pelo que funda a realidade, mas se a realidade tem fundamento, em uma dinâmica em que a identidade entre real e ideal não funda o universo, mas é o próprio universo (WHISTLER, 2013, 70 ss.), tratando-se de uma filosofia da imanência. Nessa igualdade, que se pode diferenciar como um equilíbrio entre reflexo e arquétipo, ou particular e universal, tem-se a uniformação como força sintética ou integradora; ou, ainda, como a imaginação divina do arquétipo e do reflexo (*Gegenbild*): nem o particular, nem o universal teriam realidade se não fossem integrados ou formados em um no absoluto (FD 394). Com isso, apresenta-se o modo ou a possibilidade de todas as unidades no absoluto, pois as diferentes unidades não têm essencialidade em si, mas apenas formas e imagens ideais, sob as quais o conhecimento do todo se desenvolve, e na medida em que se apresentam ao intelecto como ideias.

Os conceitos de uniformação e símbolo, ao pensarem universais como, ao mesmo tempo, particulares, permitirão integrar substância e ideia. Nesse ponto, a doutrina das ideias é adaptada a um contexto de imanência, a um contexto spinozista, com a ideia sendo a contraparte do reflexo, como se arquétipo e reflexo fossem dois aspectos de determinado ser, e o que permite ao intelecto finito humano conceber essas coisas como uma só é a imaginação.

As formas adquirem realidade apenas na medida em que recebem a imagem da unidade. É como no caso dos organismos, em que a matéria recebe forma com base na imaginação, tornando-se eles mesmos o todo, remetendo a ideias e não sendo apenas um particular por se referirem às ideias na mente divina (FD 394). O intelecto divino, por sua vez, não está isolado, mas no mundo, concebido como o próprio intelecto divino em atividade (WHISTLER, 2013, 95). Ideia não se reduz ao epistemológico em Schelling, apresentando também uma dimensão ontológica.

Os fenômenos são, ainda que imperfeitos, imagens ou reflexos do todo originário, havendo um duplo movimento no ato de conhecer: a apreensão da particularidade no universal e da universalidade no particular (FD 395-396). Captar essa dinâmica da uniformação é o método dialético ou sintético, capaz de expressão da unidade no eterno.

No lugar de representar tese, antítese e síntese separadamente, o método sintético busca apresentar tese, antítese e síntese como um só movimento (fica em aberto se, de fato, o método de Schelling difere do de Fichte, e se tal apresentação simultânea é viável e mesmo possível). A tese se refere à unidade, a antítese à multiplicidade; já o que é apresentado como síntese não é em si terceiro, mas o primeiro, o pano de fundo, conjunção de unidade e multiplicidade, particular e universal (FD 399). Essa ideia ganha novo fôlego na *Filosofia da arte*, em que Schelling aponta uma afinidade entre o método da filosofia da natureza e o da filosofia da arte, em que se organiza os fenômenos pela dialética (PhK 362 s.), e integrará o método dialético com as noções de esquema, alegoria e símbolo, estando esquema para o momento tético, alegoria para o antitético e símbolo para o sintético.

Whistler (2013, 148-190) defende que não há síntese em Schelling, uma vez que a identidade originária estaria anterior a todo ato sintético. Em parte concordamos com ele, mas o problema é que o comentador confunde, aqui, intelecto divino e mente finita: não há síntese na constituição do mundo para o absoluto considerado em si, mas para o absoluto tal como se apresenta a intelectos finitos. De fato há um ato sintético, pois não se conhece a identidade das coisas de antemão, e sim com um esforço de "rememoração" trilhado pelo ato de construir, no caso do filósofo, e pela imaginação criativa, no caso do artista. O próprio Schelling utiliza o termo "síntese" no contexto da simbolização, por exemplo (PhK § 39, 406 s.), e descreve seu método como "sintético" (FD, 399)[9].

Na *Filosofia da arte*, defende-se que a razão está para a arte assim como Deus está para as ideias, de modo que a arte expressa a totalidade, ou ainda: por meio da arte, a criação divina é exposta objetivamente, sendo o artista também um criador de mundos. O pintor, o escultor, o músico etc. conseguem reproduzir em seu ato criativo uma atividade análoga à da imaginação divina, ou seja: o poder de sintetizar o que parece ser diferente, apontando nesse ato a identidade originária

---

9. Em um momento de sua obra, ele afirma a identidade entre sujeito e objeto como a unidade total, anterior ao equilíbrio ou à síntese (AEN § 67, 154).

entre as coisas. Com base na filosofia da identidade, portanto, o paralelismo entre criação artística e produtividade da natureza encontra um fundamento nas ideias de absoluto, potência e imaginação divina (PhK § 22, 386).

Uniformação é a força de individuar, o poder propriamente criador, por meio do qual alma é também corpo, consciência é também aconsciente, real é ideal, e assim por diante. Pela uniformação, consegue-se defender um monismo e uma unidade entre natureza e espírito (PhK § 22, 386), tratando-se de um processo em que o que ocorre no primeiro estado é negado no segundo, sendo a diferença posta, depois negada. A identidade sempre envolve um mediador, um elemento entre a afirmação e a negação, e tal mediação é um reflexo, resultando na realidade ser refletida na diferença para recuperar a identidade, como se Deus se visse em uma espécie de espelho (WHISTLER, 2013, 92) – mas o que ele vê não é a si mesmo, porém uma imagem de si, havendo uma perda nesse processo. As potências do absoluto são sempre inferiores ao absoluto, havendo algo como um esgarçar do todo, tanto no produto artístico quanto no natural.

A causa imediata de toda obra de arte é Deus, pois ele é a sede das ideias, e a identidade absoluta, fonte de toda uniformação do real e do ideal, em que toda arte se baseia. Dito de outro modo: a arte expõe os arquétipos, cuja fonte é o absoluto, condição última de toda obra de arte, fonte de beleza (PhK § 21, 386). Schelling afirma que o ser humano em Deus, como causa imediata de suas produções, é o gênio, o divino que habita no humano, sendo o artista mais produtivo quanto mais vinculado ao conceito de sua essência no absoluto, conciliando cada vez mais o infinito ao finito (PhK § 63, 458). Todavia, pensamos que teria sido mais apropriado se tivesse dito "Deus no ser humano", uma vez que é a mente divina que inspira a humana via imaginação.

Essas passagens da *Filosofia da arte* revelam uma face importante do processo criativo, que chamaremos a "despersonalização do artista". Essa questão já estava presente no *Sistema do idealismo transcendental*, levando em conta a Poesia, aspecto aconsciente da criação artística, e que independe do gênio, uma vez que consiste em talento dado pela própria natureza. Uma obra de arte é completa quando equilibra consciência e aconsciente, liberdade e necessidade. E, nesse sentido, a obra de arte é perfeita quando o artista não se preocupa em ser "o dono" de toda criação artística, mas se perde, em parte, nesse ato, entregando-se à natureza. Agora, levando em conta o texto da *Filosofia da arte*, há uma dependência não só da natureza, mas do absoluto como fonte das ideias, uma vez que sem ideias não há obra de arte, visto que a beleza é precisamente apresentação de ideias em um objeto, ou seja, exibição do infinito no finito. O resultado dessas duas considerações é que, no final das contas, o processo artístico depende ainda menos do artista, que se torna um porta-voz da natureza e das ideias, um meio de comunicação entre o absoluto e as outras pessoas, espectadoras da obra. A estética schellinguiana, nessa via, pode ser concebida como um exercício de humildade da parte do artista, já que a maior parte da atividade poiética não está ao alcance dele.

É importante ressaltar que os arquétipos estão para os reflexos assim como a *natura naturans* está para os produtos: é pelos reflexos que se consegue conceber o inteligível, ou as ideias/arquétipos, do mesmo modo que é pelos produtos da natureza que se consegue apreender a produtividade a ela subjacente. Essa dinâmica é uma relação do tipo da que Kant estabelece entre lei moral e liberdade, na via de *Ratio essendi* e *ratio cognoscendi* (KpV A 5n). Para Kant, a liberdade é a razão de ser da lei moral, pois sem a liberdade a lei moral não existiria em nós; por sua vez, a lei moral é a razão de "conhecer" a liberdade (não no sentido teórico, mas prático), pois sem a lei moral não conseguiríamos conceber algo como liberdade a ser exercida no mundo. De modo análogo, o produto natural é a razão de conhecer a produtividade da natureza, e esta é a razão de ser daquele. Finalmente, o arquétipo ou a ideia é a razão de ser do reflexo, ao passo que o reflexo é a razão de conhecer o arquétipo.

O verdadeiro método da filosofia só pode ser o demonstrativo, ou construção. Nesta, o particular (unidade determinada) é apresentado como unidade absoluta de ideal e real. O finito em si, considerado infinito, contém toda a identidade formal de infinito e finito (FD 407). Adotando a identidade clássica entre ser e pensamento que Kant rejeitara,

Schelling concebe que o próprio absoluto é reconhecido como eterna uniformação do universal e do particular, e de sua essência emanam razão e imaginação no mundo fenomênico, sendo conhecer pelo método dialético um exercício de penetrar na estrutura da realidade. Razão e imaginação são um, mas aquela no ideal, buscando a verdade, e esta no real, com direcionamento à beleza. Imaginação não consiste, portanto, em mera associação de ideias ou reprodução desregrada de imagens sensíveis, mas na formação do próprio mundo, sendo o mundo uma espécie de obra de arte da mente divina (PhK § 21, 386). Nesse sentido, Schelling adota, na filosofia da identidade, a analogia entre arte e natureza que rejeitara durante sua elaboração inicial da filosofia da natureza, e agora reconhece uma plasticidade inerente ao mundo que já era fruto da concepção de natureza como produtividade e do mundo como inicialmente em estado líquido (EE 91, 281).

Seria um retrocesso, da parte de Schelling, adotar uma analogia que ele rejeitara enfaticamente em 1797? O recurso a uma concepção de substância baseada em Spinoza permite responder *não*, pelo seguinte motivo: pensando o todo como fechado em si mesmo, e adotando uma metafísica da imanência, a analogia entre natureza e arte preserva a autonomia de cada esfera da realidade, tanto da natureza quanto da arte. Não é um autor a projetar seu modelo mental em uma obra de arte, pois esta é desdobramento da própria imaginação do absoluto, é feita de e para si mesmo, e não para nada exterior. É como se, para Schelling, só se pudesse falar de modelo se houver uma contraparte real, uma vez que o reflexo sem o arquétipo não existe, e vice-versa. Assim, defendemos que Schelling consegue aderir à analogia entre natureza e arte sem, com isso, comprometer sua metafísica da imanência já presente na filosofia da natureza.

A obra de arte tem um papel especial na filosofia da identidade, chegando-se a reconhecer o produto artístico como uniformação absoluta de matéria e forma, em que ocorre a maior unificação entre Deus e a natureza como imaginação. Schelling concebe o universo como organismo e obra de arte mais perfeitos, em que a razão conhece o universo como verdade absoluta, ao passo que a imaginação divina o apresenta como beleza absoluta, tratando-se da mesma unidade, mas vista de lados diferentes. Ambas retornam ao mesmo ponto de indiferenciação, cujo conhecimento é início e meta da ciência, ao mesmo tempo (FD 423).

Essas noções são a base da *Filosofia da arte*, em que a estética é pensada menos em moldes kantianos e mais em um modelo neoplatônico de equivalência entre os transcendentais (Um, Belo, Verdadeiro, Bem). Todavia, Schelling não funda o absoluto ou o conhecimento da realidade na ideia de Bem, como é recorrente no platonismo clássico (Platão, Plotino, Proclo) e medieval (Agostinho, Boécio, Pseudo-Dionísio), e nesse ponto o filósofo segue, mais uma vez, Spinoza. Uma ontologia não ancorada nessa ideia é uma revolução do filósofo holandês, e grande parte do trabalho de Leibniz consiste em conciliar Spinoza com o tipo anterior de metafísica. Schelling vai se filiar, nesse momento de sua atividade filosófica, tanto a um quanto a outro racionalista, adotando uma identidade entre transcendentais, ou entre Verdade, Beleza, Bem (seguindo parcialmente Leibniz), mas sem dar a nenhum deles um papel fundante entre as ideias (adotando, em certo sentido, Spinoza). A dinâmica arquétipo/reflexo, ancorada nas ideias de absoluto e uniformação, enriquece as teorias do gênio e do Belo, apesar de reduzir o peso da estética na filosofia da identidade.

4. Arte, uma potência do absoluto

Filosofia da arte (1802-1805) é o texto mais extenso que Schelling dedicou à estética, demonstrando uma compreensão da arte que o filósofo adquiriu após elaborar um significado mais preciso para seu sistema da identidade. Não se trata mais da arte como "órgão da filosofia", como no *Sistema do idealismo transcendental* (1800), mas dela como um análogo da filosofia, sendo a estética não mais o horizonte, porém parte do sistema. Este se volta a si mesmo e encontra no produto do gênio não um órgão, mas um reflexo de si mesma, tal como encontra na natureza ou na história (LEYTE, 2005, 30-37).

Shaw aponta que a arte não ser mais *órganon* da filosofia constitui um desafio aos intérpretes da estética de Schelling (SHAW, 2010, 89), reconhecendo, todavia, a necessidade dela no sistema. Tanto o idealismo transcendental quanto o sistema da identidade dependem do poder da imaginação, capaz de dar continuidade entre filosofia teórica, prática e filosofia da arte.

Nas *Preleções sobre o método do ensino acadêmico* (1803) e na *Filosofia da arte*, afirma-se o pensamento estético tão importante como a ciência natural, permitindo conceber, nas obras belas, um mundo fechado em si da mesma maneira que a *physis*, de modo que, por meio da filosofia da arte, o cientista aprende os verdadeiros modelos das formas nas obras de arte (PhK 357 s.; VM 352).

Por sua vez, quem não se eleva à ideia do todo não é capaz de ajuizar uma obra, sendo o desenvolvimento de tal capacidade possível pelo estudo da filosofia da natureza, dada a maneira como articula partes e todo, notadamente no organismo (PhK 358 s.). Portanto, a investigação da natureza permite a apreciação integral da obra de arte e, ao mesmo tempo, o interesse pela *physis* leva à arte, culminando em figuras como Goethe (AD § 21, 310-311), Da Vinci e Michelangelo, elogiado pelo filósofo por suas habilidades com desenho e estudos de anatomia (PhK § 87, 530)[10]. Nota-se, com base nessas passagens, a relevância da estética em sua integração com filosofia da natureza não só na filosofia do idealismo transcendental, mas também na filosofia da identidade.

São vastas as influências em sua *Filosofia da arte*, como Winckelmann, Schiller, Goethe e os irmãos Schlegel. Schelling chegou a pedir o manuscrito da *Doutrina da arte* de Schlegel, sendo as duas grandes divisões da *Filosofia da arte* (parte geral e parte especial) marcadas por essas figuras. A originalidade da obra se encontra especialmente na parte geral da filosofia da arte (FRANK, 1989, 189), embora haja contribuições próprias nas discussões sobre música, pintura e arquitetura.

Uma filosofia da arte era algo necessário aos olhos de Schelling: seu tempo parecia-lhe em crise sobre o que é a arte, bem como quais rumos esta deveria tomar. Não se trata de mera lacuna a ser preenchida

---

10. Algo semelhante já se encontra em VITRÚVIO (2007, I.1, 61), uma fonte da filosofia da arquitetura de Schelling. O artista perfeito deve ser versado em literatura, desenho, geometria, história, filosofia, e também deve saber de música, medicina e astronomia.

para fins sistemáticos, impondo-se ao filósofo, e sua origem é a mesma da reflexão filosófica (SUZUKI, 2001, 10-11). Enfatiza-se o papel da razão para uma experiência estética completa, ao criticar uma suposta incognoscibilidade da arte, pois esta se insere em um todo apreendido pela filosofia, sendo possível intuirmos seu reflexo (VM 347 s.). Filosofia e arte são apresentações completas de ideal e real, respectivamente, esta apresentando o reflexo das ideias e aquela, os arquétipos. O artista, portanto, é capaz de objetivar a essência da filosofia, ou seja, a identidade entre sujeito e objeto, ao passo que o filósofo é capaz de ver a essência da arte e penetrar em seu interior. O ideal é sempre reflexo superior do real, e na filosofia há reflexo ideal superior do que é real no artista, estando aquela, em certo sentido, acima da arte (VM 347 s.), e tal mudança é significativa, rompendo com a do *Sistema* de 1800.

Filósofo e artista transitam do subjetivo ao objetivo, ou do objetivo ao subjetivo, e retornam, mantendo a especificidade de cada área. Aquele é capaz de expor o incompreensível da arte, reconhecendo o absoluto nela; mas não se preocupa em determinar seu lado técnico, uma vez que a filosofia se ocupa de ideias, representando apenas as leis universais dos fenômenos, no que tange ao lado empírico da arte: formas da arte são formas das coisas, tal como nos arquétipos (VM 349 ss.).

A exposição das formas artísticas não passa pela formulação de regras para execução e prática de arte, uma vez que a estética é exposição do absoluto na forma de arte, ao passo que a teoria da arte se refere imediatamente a um particular ou a um fim, aquilo pelo qual algo pode ser realizado empiricamente (VM 349 s.). A verdade da técnica/crítica de uma é empírica, já a verdade filosófica é a que diz respeito às ideias, buscando a beleza absoluta ou verdade superior (VM 349 ss.).

Se a filosofia geral apresenta a verdade, a filosofia da arte conduz à beleza e aos arquétipos desta, vinculando opostos, uma vez que arte diz respeito ao real, objetivo, aconsciente, não-eu; enquanto a filosofia discute o ideal, subjetivo, consciente, eu. A filosofia da arte expõe no ideal (filosofia geral) o real que se apresenta nas obras, significando a construção da arte (PhK 364).

Não se trata, com filosofia da arte, de algo separado da filosofia, pois esta é só uma, potencializando-se em diferentes registros e "campos" do saber. Só há uma essência ou real absoluto, indivisível, e esse só tem aspectos apreensíveis como diferentes por intermédio da noção de potências do absoluto. O absoluto, por não ter partes distintas, é apreensível mediante diferentes níveis de consciência, ou potências, determinações do todo (PhK 364).

Na arte e na história há essencialmente o mesmo que na natureza, pois tudo é potência da mesma essência ou do mesmo todo. Schelling adota a noção de sistema dos gregos, em que lógica, física e ética se explicam pelo mesmo princípio e se interligam, com a diferença marcante de que, tal como no *Sistema do idealismo transcendental*, a filosofia da arte suplanta a lógica. O filósofo afirma, sobre essas três potências do absoluto, que "caso se pudesse abstraí-las, de modo a ver a *essência pura* como que despida, em tudo haveria verdadeiramente um" (PhK 364).

A filosofia completa expressa a totalidade das potências – natureza, história, arte –, sendo só assim "imagem do universo" (expressão leibniziana), uma vez que Deus e universo são um, ou visões diferentes de um todo (PhK 364 ss.). A substância é indivisível, não podendo passar para substâncias diferentes por meio de divisão ou separação. Sendo a substância indivisível, a diferença entre as coisas é apenas um tipo diferente de determinação das potências. Uma vez que essas determinações não mudam nada na substância, são chamadas determinações ideais (PhK 366). Deus, ou sede de todas as potências, é o "ponto de identidade absoluta da filosofia", o maior determinante e plenamente indeterminado, cuja unidade e cuja inseparabilidade são expressas por todas as potências (PhK 366).

Na filosofia, só há o absoluto, e só conhecemos o absoluto, ainda que por diferentes vieses. A filosofia não busca o particular como tal, mas apenas como "receptor" do absoluto, uma vez que sempre visa ao absoluto, não havendo filosofias particulares, mas uma só, voltada para diferentes potências do absoluto (PhK 367); portanto, "filosofia da arte" não é uma parte destacada da razão, mas a própria filosofia tentando se voltar para o mundo da arte; filosofia da história direciona-se para as leis, documentos, costumes e instituições; e filosofia da natureza é a mesma atividade, porém ocupada com os fenômenos da eletricidade, do magnetismo, da química e da fisiologia. Filosofia da arte, desse modo, é apenas uma delimitação para fins investigativos, pois trata da natureza e história, mas considerada diante de objetos artísticos, e não algo feito especialmente para esses objetos. Essa visão é ambiciosa e comum no pensamento sistemático, que Schelling criticará em fases posteriores de sua filosofia.

Em decorrência desse ponto, Gordon (2015, 116) vai afirmar que a "relação" entre arte e absoluto não constitui propriamente uma relação, mas a essência, sendo arte uma potência do absoluto. A colocação é precisa, pois "algo em relação ao absoluto" poderia dar a ideia de uma comparação, e sendo o absoluto abrangente de todas as coisas não há com que compará-lo. Um ponto curioso envolvido na "Introdução" e Seção I da *Filosofia da arte* é a falta de clareza conceitual: Schelling utiliza o termo "potências" para falar de coisas diversas: arte e organismo são potências do absoluto; filosofia da arte é potência da filosofia; filosofia da história é potência da filosofia; matéria, luz e organismo são potências da natureza. Além da polissemia do termo "potência", há uma confusão envolvida entre absoluto e a filosofia, passível de ser elucidada pelo fato de o filosofar, ao ser expressão mais elevada do racional, mais se aproximar do absoluto, cujas potências, sendo pensadas como uma totalidade, são da mesma forma que o próprio todo.

A filosofia da arte é diferente de mera teoria artística, pois expõe o absoluto, enquanto a última, particulares. Ocorre algo análogo a como a filosofia da natureza expõe o todo, a produtividade, enquanto as ciências naturais expõem os particulares, os produtos (PhK 368). Constrói-se a arte não como particular, mas como expressão do universo, "construindo-o" nas obras, sendo a estética ciência do todo expresso como obra de arte, e não crítica, por exemplo, voltada a um objeto específico: uma escultura, um poema. Como observado no caso do conceito de matéria na filosofia da natureza, o objeto de construção é o que acolhe em si, como particular, o infinito. Para ser objeto da filosofia, portanto, a arte deve expor o infinito como particular, deve expor a beleza, acentuando a dimensão epistêmica da obra de arte (PhK 369).

Aproximando arte plástica e natureza já na "Introdução", mostra-se a música, que traduz o ritmo arquetípico da natureza e do universo, apresentando-se no mundo. No caso da arquitetura, do baixo-relevo e da escultura, temos uma exposição das ideias da natureza orgânica, e a pintura abre a mente para além do sensível, ainda que partindo dele (PhK 369). Com a teoria das potências, essas formas artísticas serão apontadas como mais próximas do real (música), do ideal (pintura), ou como indiferenciação (escultura).

O caminho de Deus, ou do absoluto, rumo à ideia de beleza é trilhado nos primeiros vinte e três parágrafos da *Filosofia da arte*: absoluto é o ser que segue imediatamente da ideia, afirmação imediata de si mesmo; se não o fosse, o absoluto seria determinado por algo que não a sua ideia, seria condicionado por algo diferente de seu conceito, ou seja, seria dependente, condicionado, e não absoluto (PhK § 1, 373 s.). Sendo identidade entre afirmado e afirmante, o absoluto é simultaneamente sujeito e objeto, um todo que está para além dessa oposição, que a consciência humana tem dificuldades de superar, uma vez que pensa a identidade de modo relativo, apenas (PhK § 2, 374).

O absoluto é totalidade, e não multiplicidade, uma vez que, se o fosse, seria determinável. Ele não é, portanto, tudo e nem se confunde com todas as coisas, mas é o todo que abrange todas as coisas (PhK § 4, 375). Não se trata de um panteísmo, mas de um panenteísmo, ou seja, mantém-se uma distinção entre o universo e Deus, ainda que este abranja o próprio universo: "No todo está compreendido o que está compreendido em Deus" (PhK § 7, 377).

O absoluto é eterno, tal como cada ideia, e, em última instância, fonte das obras de arte, por ser fonte da própria beleza (PhK § 5, 375). Eterno é o que não se refere ao tempo, e não tem referência ao tempo. E, tal como em muitos filósofos medievais, Schelling concebe Deus como eterno, o que conduzirá a um tema na sua visão da história da arte: as obras de arte parecem mudar em estilo, em técnicas envolvidas, e mesmo em temas ao longo da história. A história da arte do filósofo tentará conciliar a eternidade da ideia de Belo com o devir histórico.

O absoluto está para além das oposições, "[...] não é consciência, nem aconsciente, nem livre, nem não livre ou necessário" (PhK § 6, 377). Não é aconsciente por ser consciência absoluta, mas isso resulta no fato de tampouco ser mera consciência, ou seja, ele é inteligência em que a unidade não é relativa entre ser e pensar, tal como na consciência humana, e é na inteligência relativa que toda consciência se baseia. Deus não é livre, pois a liberdade se baseia na oposição relativa e na unidade relativa de possibilidade e realidade, mas no divino ambas são um. Tampouco é necessário, ou não-livre, pois é sem afecção e incondicionado, nada é nele ou fora dele que pudesse determiná-lo ou para o qual ele se incline.

O absoluto se expressa no real como natureza e no ideal como espírito, e o ato de se afirmar no todo enquanto natureza (PhK § 8, 377 s.) se dá em três potências: matéria, luz e organismo, etapas da evolução da natureza (PhK § 9, 377-378), como observamos no capítulo anterior. Matéria, luz e organismo (natureza) correspondem a teoria, prática e arte, e as potências de cada esfera correspondem, por sua vez, às ideias do Verdadeiro, Bom e Belo. Organismo e arte representam o ponto de indefinição entre real e ideal, mas não sua identidade absoluta, que se adquire mediante a razão, sede das ideias (PAREYSON, 1987b, 206).

Embora o organismo seja a síntese, ou uniformação de matéria e luz, ele ainda não é revelação plena do absoluto (PhK § 10, 378), salvo no caso de organismos humanos, que já são dotados da consciência de si. Há um elemento antropocêntrico segundo o qual apenas o ser humano teria a capacidade da razão e da consciência de si. Assim, se de um lado Schelling antecipa o pensamento ecológico, de outro ele ainda é inserido em uma lógica de pensamento moderno e antropocêntrico.

A plena revelação de Deus, ou do absoluto, somente se apresenta quando as formas singulares se dissolvem na identidade absoluta, como na razão, sendo esta, no todo, o mais perfeito reflexo do absoluto (PhK § 11, 378), e o ser humano terá papel privilegiado nesse contexto. Deixa-se entrever, de certo modo, um elemento forte da antropologia cristã e da ideia de ser humano como *imago dei*, e essa influência será cada vez maior (PUENTE, 1997).

A natureza compreende por si todas as unidades: real, ideal e indiferenciação ou uniformação de real e ideal, e há um esforço sistemático de integrar as diferentes potências da natureza com áreas do sistema, sendo as potências da natureza diferentes modos como o absoluto afirma a si mesmo, voltadas ao ideal ou ao real. A primeira potência da natureza (tese) é a matéria, cuja essência é o ser, e em que há predomínio do afirmar-se de Deus, ou uniformação do ideal no real. Como antítese, temos a segunda potência da natureza, a luz, em que predomina o afirmado, ou uniformação do real no ideal, tendo atividade como sua essência. A síntese é a terceira potência da natureza, em que se afirmam igualmente o real (matéria) e o ideal (luz): a indiferenciação, em que ser se iguala à atividade, tratando-se do organismo, em que essência (luz) é inseparável da forma (matéria), e em que o afirmado é idêntico ao afirmante (PhK § 11, 379).

O todo ideal, por sua vez, também se expressa em potências: afirmar-se (ideal, tese), o que diz respeito ao saber, à filosofia teórica e à ideia de verdade. Esse todo também se expressa como afirmado (real, antítese), dizendo respeito ao agir, à filosofia prática e à ideia de Bem. A indiferenciação (ideal e real, síntese), por sua vez, aponta para a unidade entre teoria e prática, agir e saber, à ideia de beleza. Organismo e obra de arte, portanto, são as potências mais elevadas do real e do ideal, respectivamente, as sínteses mais elevadas que a imaginação do absoluto efetua ao pensar em si mesmo. As três potências do real e do ideal correspondem, nessa via, a três ideias: Verdade (filosofia teórica), Bem (filosofia prática) e Beleza (filosofia da arte).

A beleza é posta em toda parte em que ideal e real se tocam, organismo e obra de arte, não sendo apenas o universal ou ideal (verdade); nem o meramente ideal (agir), mas uniformação de ambos. Ela concilia teoria e prática, pensamento e ação, e nesse movimento Schelling combina elementos da *Crítica da faculdade do juízo* de Kant com a intermutabilidade entre as ideias comuns na tradição neoplatônica: Beleza, Bem e Verdade remetem uma à outra, sendo o Belo necessariamente verdadeiro e bom, e o mesmo ocorre com as demais ideias (PhK § 13, 380; § 16, 382 s.). É digno de nota que Schelling reabilita os chamados *transcendentais* da Idade Média como intercambiáveis, distanciando-se progressivamente do *transcendental* no sentido kantiano, ou seja, da preocupação acerca do conhecimento da relação do ânimo com os objetos.

Vemos um desdobramento da identidade entre Verdade e Beleza na ideia de que uma verdade parcial leva a uma arte parcial, por exemplo:

uma teoria do conhecimento baseada exclusivamente nos sentidos conduz a uma arte de mera imitação da natureza sensível, enquanto uma teoria do conhecimento que parte do sensível, mas se eleva às ideias, remete a obras de arte mais elevadas, que transformam a natureza em algo para além do sensível e a captam não apenas como produto, mas também enquanto produtividade.

Deus e a filosofia estão, para Schelling, acima das ideias de Verdade, Bem e Beleza, pois a filosofia não trata só da verdade, da moralidade ou da beleza, mas do comum a todas elas, deduzindo-as de uma única fonte primordial, o absoluto. Na filosofia, interpenetram-se ciência, virtude e arte, diferentemente da matemática, por exemplo, em que não se fazem exigências éticas. O pensamento sistemático proposto por Schelling tenta integrar diversas esferas do ser: o ético, o epistemológico e o estético são, na verdade, potências distintas da mesma totalidade, o absoluto. A criação do gênio consiste em uma síntese entre prático e teórico, liberdade e necessidade: "chamamos, por exemplo, bela uma figura em cujo delineamento a natureza parece ter jogado com a maior liberdade e a meticulosidade mais sublime, ainda que sempre nas formas, nos limites da mais estrita necessidade e legalidade" (PhK § 16, 383).

Os objetos artísticos conseguem nos aproximar do absoluto, mas como isso é percebido pelos humanos é algo trabalhado com o conceito de símbolo, a via adequada de apresentação dos mitos. A teoria do símbolo consiste em ponto crucial para uma compreensão mais profunda da *Filosofia da arte* de Schelling, podendo ser pensado como a via da imaginação em sua atividade sintética.

5. Os mitos e o símbolo

Schelling nota que religião, arte e mito estiveram próximos historicamente, como busca de fornecer sentido ao ser humano. Mitos são o conteúdo temático dos relatos religiosos e de suas representações artísticas, além de fonte de inspiração para poetas, escultores e pintores. A verdadeira construção da arte é exposição do todo em objetos particulares, mas o universo é tido como obra de arte, portanto como algo belo.

Os objetos artísticos expressam a beleza do mundo e a totalidade, por via das ideias, sendo reflexos destas. Tais reflexos se desdobram historicamente nas obras de arte como mitos, e a segunda seção da filosofia da arte é a construção dos arquétipos, isto é, dos temas das obras de arte: a mitologia greco-romana e a cristã (PhK § 24, 386).

Suzuki (2001, 12-13) enfatiza a relação entre a filosofia da arte e a filosofia tardia de Schelling, com base na mitologia, e algo semelhante foi feito no estudo de Torres Filho (2004, 109-134). Como nossa obra é centrada em um período anterior da filosofia de Schelling, atemo-nos à filosofia da identidade, tal como faz Whistler (2013), cuja interpretação difere da nossa por ser mais voltada ao problema da linguagem e à relação com as artes do discurso (WHISTLER, 2013, 169-193), ao passo que nossa ênfase é nas artes plásticas.

Além da exposição de conceitos fundamentais para a obra em questão, o tema do símbolo merece ser abordado, pois ele é a via de síntese geradora das obras de arte mais elevadas, sendo análogo à própria imaginação divina e ao talento do gênio. Notamos três esferas diferentes do ser em que há síntese na estética: plano ontológico (imaginação), aspecto antropológico (gênio) e componente imagético-linguístico (símbolo).

Nessa via, como é possível que formas particulares sejam potências do absoluto, expressando o Belo em coisas singulares reais e efetivas (PhK 388)? O absoluto é um, mas intuído nas formas particulares é ideia e, analogamente, a arte intui o Belo originário como formas particulares, cada uma das quais é divina e absoluta por si. Em vez de intuir as ideias em si (como a filosofia faz), a arte intui as ideias no real, consistindo as ideias em conteúdo temático universal da arte, de que surgem as obras de arte. No caso da arte ocidental até a época de Schelling, tais ideias "reais, vivas e existentes" são os deuses (PhK 369 s.).

O conjunto universal de símbolos, ou exposição universal das ideias, é fornecido na mitologia, campo em que Schelling busca resolver a questão metafísica clássica "como o uno se faz múltiplo", mas no campo estético, o que envolve uma construção da mitologia (ou seja, uma exposição do real dos mitos no ideal), sendo os deuses de cada mitologia como as ideias da filosofia, porém intuídas objetivamente (PhK 370).

A concepção de absoluto como substância é conciliada com um pensamento que se assemelha à *Monadologia* de Leibniz, pensando Deus como unidade de todas as formas e de todos os universos possíveis, admitindo que cada particular é, por si só, um universo, uma expressão da totalidade, o que tem desdobramentos na sua concepção de mitologia (PhK § 25, 388-389). O universo é unidade, mas uma unidade rica em aspectos, ou potências, sendo necessário concebê-lo sob um duplo aspecto, como caos, remetendo ao sublime[11], e como beleza, forma suprema, mais próxima da ideia de um *cosmos* harmônico. Temos, novamente, o jogo de polaridades tão caro ao pensamento schellinguiano: forma e disforme, uno e múltiplo, limite e ilimitado, atração e repulsão (PhK § 26, 390).

As várias uniformações possíveis do universal e do particular são ideias (imagens do divino), consideradas deuses, uma vez que a essência delas é o absoluto, ou Deus, sendo cada ideia uma divindade particular, pois ideias são Deus em forma particularizada. Schelling adota um misto de monoteísmo da substância e politeísmo da arte em sua estética (PhK § 28, 390), já presente no *Bruno*, segundo o qual poetas foram venerados na Antiguidade como os intérpretes dos deuses e como homens inspirados por eles, sendo a finalidade dos mistérios mostrar aos homens as ideias do que só veem como reflexo, estando os mistérios para a mitologia assim como a filosofia está para a poesia (Bru 231 ss.), ou seja: o que a via mística e a filosofia intuem como ideias, a mitologia e a arte apresentam objetivamente como reflexos.

---

11. Schelling não introduz reflexões propriamente novas sobre o sublime, basicamente retomando ideias de Schiller e chegando a parafraseá-lo em alguns trechos da *Filosofia da arte* (por exemplo, PhK § 65, 462-463; 466), tal como notou Suzuki (2001). Um elemento mais vinculado à metafísica da identidade é a discussão sobre o sublime como acessível via intuição do caos, remetendo ao absoluto como simultaneamente privação de forma e forma absoluta em PhK § 65, 465; e um complemento à teoria do gênio do *Sistema do idealismo transcendental* (1800) está em PhK § 66, 470, em que o filósofo menciona ser o sublime análogo ao aspecto aconsciente da criação artística, dado seu caráter disforme. Sobre essa apropriação do sublime schilleriano por Schelling, cf. Courtine (1990, 75-110).

Adotando o argumento ontológico de Anselmo (PhK § 1, 374 ss.), há uma correspondência entre realidade e idealidade no caso dos deuses, sendo um caso em que a possibilidade equivale a uma existência necessária, e as figuras mitológicas são um encontro do real com um ideal, uma uniformação que aponta para a identidade estrutural do universo (PhK § 29, 391).

A "lei determinante das figuras divinas", para o filósofo, é uma combinação entre limite e ilimitado, expressos como pura limitação de um lado e absolutez indivisa, de outro. Figuras divinas são rigorosamente delimitadas; nas obras de arte, são figuras separadas, mas capazes de expressar a totalidade, de modo análogo a uma mônada, tratando-se de um todo com certas características, e não de algo dotado de todas as características (PhK § 30, 392). Esse é um ponto fundamental para a compreensão dos mitos, segundo Schelling, e também um dos motivos de seu impacto nas pessoas: a figura mitológica é rigorosamente delimitada, sendo características opostas nela separadas, havendo sobrevalorização de um aspecto em detrimento de outro, sendo a divindade, ao mesmo tempo, separada e una, inteira: separada por apresentar certas características em detrimento de outras, e inteira por representar o todo. Como salienta Whistler (2013, 155), o mito se limita sem, no processo, diminuir sua grandeza; o que remete ao próprio absoluto, que se limita sem perder sua absolutez, não sendo um esquema de emanação[12].

Um exemplo dado é o de Minerva (Atena), o arquétipo de sabedoria e beleza universais, mas sem a ternura, pois isso reduziria tal figura ao desinteresse. Juno (Hera) é figura de poder, mas sem sabedoria. Se ela tivesse sabedoria como Minerva, seus efeitos não seriam tão trágicos quanto os da Guerra de Troia, a que ela inicia para satisfazer o desejo de seu favorito. Nesse caso, também não seria a deusa do amor e objeto de fantasia (PhK § 30, 392 s.). A limitação dos mitos é análoga

---

12. A crítica de Schelling à emanação é um ponto relevante no início de seu distanciamento de Plotino e Proclo, embora seja algo questionável se há, de fato, emanacionismo na filosofia neoplatônica clássica, como aponta BEIERWALTES (2000, 422).

a como a natureza pode diminuir certos órgãos ou impulsos em um gênero e fortalecê-lo em outros (PhK § 33, 398).

Baseando-se em Karl Philipp Moritz (cuja *Götterlehre*, 1791, foi marcante para a Seção II da *Filosofia da arte*), Schelling afirma que os traços que faltam nas manifestações das figuras divinas são o que lhes confere encanto e as entrelaça, algo consistente com a sua concepção de polaridades, trabalhada na filosofia da natureza e na filosofia da identidade: a síntese do absoluto (ilimitado) com a limitação. As formações orgânicas e inorgânicas só são possíveis como uma síntese, como atividade da criação divina possível mediante o princípio da imaginação divina ou mediante a fantasia, que põe o absoluto junto com a limitação, formando a divindade do universal no particular. A imaginação humana recria o mundo como mundo de fantasia, cuja lei é absolutez na limitação, posto que a imaginação divina, com seu caráter ontológico, se reproduz de modo reduzido na imaginação humana, com seu aspecto estético (PhK § 30, 393).

O mundo dos deuses é objeto de fantasia e de imaginação, e não do entendimento (uma vez que este se atém à limitação) nem da razão (pois essa só expõe a síntese do absoluto e da limitação como ideia), só podendo ser apreendido pela fantasia, pois esta é capaz de expor a síntese entre absoluto e limitação não no arquétipo, ou na ideia, mas no reflexo (PhK § 31, 395). Imaginação, no que tange à fantasia, é "aquilo em que as produções da arte são concebidas e desenvolvidas", sendo a fantasia capaz de intuir tais produtos exteriormente e de projetá-los para fora de si. É como a relação entre razão e intuição intelectual: ideias são formadas na razão e a intuição intelectual é o que as expõe inteiramente, ao passo que a fantasia é a intuição intelectual na arte (PhK § 32, 395).

A lei fundamental das representações mitológicas, ou imagens divinas, é a lei da beleza, sendo as figuras divinas o absoluto sintetizado no particular (PhK § 33, 397 s.). Mitos formam uma totalidade, um mundo próprio em que o que se encontra limitado em um deus é compensado em outro e os deuses formam um *cosmos* entre si, um todo orgânico. Esse mundo só é intuído pela fantasia, e nele não há limites para a imaginação, pois nela todo possível é imediatamente real (PhK

§§ 34-35, 399 ss.). A Noite (Nix) e o Destino são o fundo obscuro de que todas as figuras divinas surgiram, consistente com a ideia de que deuses e humanos surgem do caos, sendo necessário aos mitos venturosos figuras informes e monstruosas para surgir (PhK §§ 32, 35; 394; 400). Atenas e Zeus são tratados como pontos de indiferenciação: Atenas por criar e destruir; Zeus por equilibrar poder e sabedoria (PhK § 35, 400-401).

Tal como Zeus é pai das demais figuras mitológicas, a ideia absoluta ou deus compreende todas as ideias em si e elas são novamente pensadas como absolutas por si (PhK § 36, 405). Nesse sentido, mitologia é condição necessária e primeiro tema de toda arte. A arte expõe o Belo em si mediante coisas particulares, sem suprimi-lo (PhK § 38, 405). A mitologia, por sua vez, consiste no universo em veste superior e espelho da imaginação divina, no próprio substrato da arte, resultando no mito como o que mais nos aproxima da imaginação divina ao se refletir nas obras de arte. A tese schellinguiana de acordo com a qual mitos são temas das obras de arte, evidentemente não encontra respaldo histórico a partir do século XX, mas é válida para seu tempo e a história da arte que ele leva em conta. Um caso em que a tese poderia ser questionada é o da arquitetura, que nem em todos os contextos representa uma divindade, ou a morada de uma divindade: pensemos em portões, quartéis, ou mesmo em casas comuns, parecendo que a tese se mantém, no caso da arquitetura, somente em templos, igrejas e similares.

Uma das teses principais da *Filosofia da arte* afirma que "exposição do absoluto, com indiferenciação absoluta do universal e do particular *no particular*, só é possível simbolicamente" (PhK § 39, 406). Essa noção é aplicável tanto aos mitos quanto às próprias obras de arte, especialmente nas discussões do filósofo acerca de escultura e de arquitetura.

"A exposição do absoluto com absoluta indiferenciação entre universal e particular *no universal* é filosofia" e conduz à ideia de verdade. Já "a exposição do absoluto com absoluta indiferenciação entre universal e particular *no particular* é arte" conduz à ideia de beleza. O tema universal dessa exposição, por sua vez, é a mitologia. Schelling apresenta três formas da imaginação que relacionam o universal ao particular: temos (1) esquematismo, exposição em que o universal significa o particular, ou em que o particular é intuído por meio do universal; (2) alegoria, exposição em que o particular significa o universal, ou em que este é intuído mediante aquele; e (3) símbolo, a síntese em que nem universal significa particular, nem particular significa universal (PhK § 39, 406 s.).

Esquema, alegoria e símbolo são noções consistentes com a filosofia da identidade e com o método dialético, sendo esquema a ênfase no real; alegoria a ênfase no ideal, e símbolo a indiferenciação (WHISTLER, 2013, 145). A forma simbólica é a mais rica e a da imaginação, e essas três apresentações (esquema, alegoria e símbolo) se diferenciam ainda da imagem, sempre concreta, particular e tão determinada que chega a ser quase igual ao objeto. No esquema, ao contrário, o dominante é o universal, ainda que intuído como um particular, tratando-se de um produto da imaginação, algo entre o conceito e o objeto, entre sensibilidade e entendimento (PhK § 39, 407). Note-se que Schelling não desdobra a diferença entre imagem e alegoria, sendo essa uma parte de sua argumentação que fica incompleta (a distinção entre símbolo e imagem é brevemente tratada adiante).

O artista mecânico deve produzir objeto de determinada forma de acordo com um conceito, sendo esquema o universal pelo qual o artesão intui e produz o particular. O esquema é a concretização do objeto em uma imagem determinada completamente na imaginação do artista. O esquematismo não pode, na arte, ser exposição completa do absoluto no particular, embora o esquema, como universal, seja também um particular; mas de modo que o universal significa o particular (PhK § 39, 408). Tal procedimento não é completo porque o absoluto é indiferenciação entre universal e particular, enquanto o esquema confere primazia ao universal a ser intuído no particular, e o contrário é o motivo por que a alegoria também não é suficiente, pois nesta o primado é do particular a ser intuído como universal.

A própria linguagem é um esquematismo (PhK § 39, 408), sendo o conceito utilizado não só na reflexão sobre a linguagem e as artes do discurso, como a poesia e a tragédia, mas também acerca do conhecimento. A geometria esquematiza, a aritmética alegoriza e a filosofia simboliza, sendo essa atividade a união entre particular e universal (PhK § 39, 410 s.), o que nos remete à ideia da filosofia da natureza de pensar o todo como algo fechado, completo em si mesmo. No caso das artes plásticas, a pintura esquematiza, a música alegoriza e a escultura simboliza. Esse esquema não é seguido rigorosamente, e Schelling discute, por exemplo, pintura simbólica (PhK § 87, 544 s.; §§ 95-99, 567 ss.).

Alegoria é o inverso do esquema, ou seja, é indiferenciação de universal e particular, mas em que o particular significa o universal, podendo ser aplicado à mitologia, mas com limitações, uma vez que, na alegoria, o particular significa o universal; já na mitologia, ele é simultaneamente o universal. Alegorizar o simbólico é uma tarefa falha, pois o simbólico traz em si o alegórico e o esquema, assim como a própria imaginação contém em si o universal no particular e o particular no universal ao mesmo tempo (PhK § 39, 409). O mito não significa nada para fora dele; tal como na alegoria, ele simplesmente é (PhK § 35, 400-401), e com isso Schelling preserva a autotelia do mito, indicada pela expressão "independência poética absoluta" (PhK § 39, 409). Todavia, o próprio Schelling nem sempre adota o método proposto e trata de Prometeu alegoricamente, ao dizer que ele "representa o gênero humano" em suas adversidades, sendo símbolo da moralidade (PhK § 42, 420).

Schelling critica alegorias naturalistas, como as de Christian Heyne e Gottfried Hermann. Segundo essa via de interpretação, mitos seriam representações de fenômenos da natureza, tratando-se de uma via recusada, assim como a do evemerismo, segundo a qual mitos recontam, de modo exagerado, feitos de heróis, gênios ou chefes, tratando-se de um tipo de interpretação como o que ocorre em Cícero. De acordo com esse modelo, Osíris teria sido um faraó antigo, assassinado por seus inimigos e depois divinizado pelo povo. Hermes teria sido um grande inventor. Não convém explicarmos a natureza de um deus ou uma deusa significando alguma ideia ou doutrina, pois isso seria igualar o deus à teoria. Ao contrário, cada aspecto do deus deve ser visto dentro do próprio contexto e esfera de operação (BEACH, 1994, 26-35).

Esquema e alegoria são saberes sobre um tema; símbolo, por sua vez, é o tema. A interpretação alegórica é muito racional, deixando de lado o incognoscível e o irracional, ao passo que o símbolo evita a unilateralidade da alegoria e de esquema (GORDON, 2015, 130 s.). Schelling conclui que "a mitologia em geral e toda criação poética dela não devem ser compreendidas nem esquematicamente, nem alegoricamente, mas *simbolicamente*" (PhK § 39, 411), ressaltando que o mito não é meramente sem significação, como a imagem; mas também não é a própria significação, como o esquema. O objeto da exposição artística absoluta é tão concreto quanto a imagem e tão universal quanto o conceito, sendo o símbolo um *Sinnbild*, "imagem de sentido". Curiosamente, podemos associar esquema, alegoria e símbolo com o processo criativo tal como exposto no *Sistema do idealismo transcendental* e na *Filosofia da arte*: o esquema tem um predomínio da Arte ou atividade consciente do gênio, dado seu lado técnico, envolvido com a produção de objetos (PhK § 39, 406-407), enquanto a alegoria está presente no mundo natural (PhK § 39, 410), ligada à atividade aconsciente da criação artística, e o símbolo seria representação da indiferenciação, portanto, análogo à própria obra de arte. A mitologia é um modo de representar, por meio da imaginação, princípios ideais de valores ou experiências humanas, que incorporam, sensivelmente, a síntese entre universal e particular, resultando que o símbolo capta e sintetiza tanto o real (alegoria) quanto o ideal (esquema) (BEACH, 1994, 35).

A mitologia, para Schelling, é obra não só de um indivíduo, nem só de uma coletividade (no sentido de mera composição de indivíduos): não é obra individual, uma vez que deve ter uma relação com a natureza (objetividade) que se encontra além do indivíduo. Tampouco o mito pode ser obra da coletividade no sentido de composição, uma vez que, nesse caso, não haveria harmonia e acordo (PhK § 42, 414 s.). Desse modo, a mitologia é obra da coletividade como uma síntese entre o indivíduo e a sociedade, tal como quando o impulso artístico dos animais se exterioriza, ou no caso em que o indivíduo age como todo e vice-versa (mas com uma importante diferença: não se trata de mera obra cega e aconsciente, como no impulso artístico) (PhK § 42, 415-419).

Na arte, especialmente na que apresenta a mitologia grega, a natureza pode efetuar uma união entre indivíduo e gênero, enquanto a cultura moderna não apresenta nada semelhante, embora o tenha tentado com a ideia de Igreja. A mitologia é "prototema" da poesia, bem como fundamento da própria filosofia, tendo introduzido o idealismo em uma filosofia realista (a pré-socrática) por meio do intelecto de Anaxágoras, além de ter sido fonte primeira da moral: sujeição de homens a deuses, senso de limitação e medida nos assuntos morais, desprezo pela arrogância etc. (PhK § 42, 415).

A mitologia realista é grega, em que o universo é apreendido como natureza, enquanto a mitologia idealista é cristã, na qual o universo é intuído como mundo moral: "O conteúdo temático da mitologia grega era a natureza, a intuição universal do universo como natureza, o conteúdo temático da mitologia cristã [era] a intuição total do universo como história, com um mundo de providência" (PhK § 42, 427). No caso da mitologia grega, a que mais nos interessa graças a seu vínculo com a natureza, um trecho da *Filosofia da arte* é digno de nota: a mitologia permite uma espécie de apreensão intuitiva dos fenômenos da natureza, como que uma aglutinação da pluralidade de formas do mundo natural, tal qual no caso dos fenômenos vulcânicos que seriam indicados pelo deus Vulcano, ou Hefesto, e no caso de Proteu, que simboliza a natureza como um todo (produtividade), mas sob múltiplas formas em mudança, só revelando sua figura real para os que se esforçam para isso (PhK § 35, 403-404; § 47, 453).

A construção do conteúdo da arte se deu com a mitologia, surgindo como resultado uma nova oposição, ao passo que a construção da arte se iniciou com esta como apresentação real do absoluto, mas ela não poderia ser real sem expor o absoluto por meio de coisas singulares finitas, tendo a síntese do absoluto sido feita com a limitação, donde surgiu o mundo das ideias da arte. Como o conteúdo temático (*Stoff*) universal passa à forma particular e se torna matéria (*Materie*) da obra de arte particular? A resposta reside em uma nova síntese que conciliará matéria e forma em indiferenciação (PhK § 63, 458).

O produtor imediato da obra de arte é a ideia de ser humano na mente divina, e Deus produz somente as ideias das coisas pela uniformação (PhK § 62, 458). O ser humano tem um lugar privilegiado na natureza por ser indiferenciação entre organismo e razão, em que o absoluto se objetiva tanto real quanto idealmente, tanto como ideia quanto como reflexo. O resultado é que Deus consiste naquilo por meio do qual se produz a obra de arte, caso se refira ao ser humano por meio de uma ideia ou conceito eterno do próprio humano que há em Deus.

Com isso, voltamos ao ponto de partida: o que Schelling fornece como fundamento do paralelismo entre produtividade da natureza e criação artística, e se tal fundamento é convincente. O fundamento é a identidade originária entre todas as coisas, que constitui o próprio mundo e se desdobra em si mesma em uma dinâmica de limite e ilimitado, produtividade e desaceleração. Tal princípio é convincente, desde que se aceitem os pressupostos de Schelling, que nem sempre são bem justificados. Ao longo da obra schellinguiana, um desdobramento do abandono de uma filosofia sistemática envolveu um abandono da própria teoria estética, uma vez que, em suas duas principais versões (*Sistema do idealismo transcendental* e *Filosofia da arte*), ela estava atrelada à ideia de sistema, e perde força quando pensada separadamente do arrazoado sistemático.

Não sem motivo, esse ponto estará articulado a como Schelling passa a articular arte, mitos e história (PhK 372; VM 351): como pensar o desdobramento das várias formas de arte e apresentações mitológicas ao longo da história no contexto de um sistema que defende a ideia de uma substância eterna (SHAW, 2010, 107)? É digno de nota que, se a mitologia grega apresenta o real e a mitologia cristã, o ideal, ainda não surgiu uma síntese, um conjunto de mitos capaz de apresentar a própria indiferenciação; no que diz respeito a esse ponto, Schelling alude a uma "nova mitologia" baseada na filosofia da natureza e capaz de sintetizar natureza e história (PhK § 42, 449; ZERBST, 2011, 119 s.).

A expressão superior da arte se encontra via mitos, ou por uma via simbólica, que integra universal e particular simultaneamente. Articular símbolo, alegoria e esquema com as diferentes artes plásticas é o passo seguinte na *Filosofia da arte*, mas esse não será o único aspecto levado em conta em nossa interpretação, sendo acrescentado o problema histórico, além da articulação sistemática. Tendo em vista um confronto com referências da história da arte (Argan, Panofsky, Toman, entre outros), devemos investigar até que ponto a história da arte apresentada por Schelling apresentou *insights* válidos, e como a contingência temporal das obras de arte desafia o pensamento sistemático.

CAPÍTULO III
A filosofia das artes plásticas: sistema e história

1. A divisão das artes plásticas e a construção da matéria

Os fundamentos da teoria estética abordada nesta obra foram dados com a filosofia da natureza e a ontologia da identidade, conduzindo à reconstrução das artes plásticas no sistema de Schelling. Tal procedimento realça nossa tese do paralelismo, uma vez que torna explícita a correspondência entre a estética examinada e os conceitos da física especulativa, especialmente a construção da matéria. Todavia, este capítulo não se resume a uma reconstrução crítica das artes plásticas, envolvendo também uma investigação sobre as teses de história da arte desenvolvidas na *Filosofia da arte* (1802-1805) e em *Sobre a relação entre as artes plásticas e a natureza* (1807), indicando aporias resultantes da tentativa de sobreposição das categorias do sistema à história da arte[1]: a contingência histórica das obras artísticas se mostra, em parte,

---

1. O único estudo em que encontramos um arrazoado sobre a tensão entre história e sistema no pensamento de Schelling é o de ZERBST (2011, 77 s.), mas o comentador se

irredutível à intenção sistematizante, sendo a ambição esquemática do sistema comprometida pela diversidade dos produtos da ação humana, antecipando a abertura à contingência e à vivência da chamada "filosofia positiva"[2] dos anos 1830-1840. Analisaremos, em oposição à história da arte, a concepção de que, "como a arte é, em si, eterna e necessária, ela não é contingência, mas necessidade absoluta também em sua manifestação temporal" (PhK 372)[3].

A obra de arte, como potência do absoluto, apresenta um lado real e outro ideal, baseando-se a divisão entre os tipos de belas-artes no aspecto predominante em cada uma delas: se prevalece o real, trata-se de artes plásticas, destacadas pelo trabalho com a matéria e, caso o ideal se sobressaia, fala-se das artes do discurso (PhK 370 s.; § 63, 460; § 72, 481). Música e pintura são as mais reais das artes, pois dependem dos fatores mais imediatos da percepção sensorial – ritmo, cor e linha –, ao passo que as artes do discurso têm relação menos direta com a experiência sensorial, sugerindo e invocando a imaginação ao invés de se apresentar a nós diretamente. Arquitetura e escultura estão próximas da transição entre artes plásticas e artes do discurso porque nos apresentam objetos mais reais que as imagens da poesia, mas, ao mesmo tempo, sugerem ideias abstratas melhor que a música e a pintura (GUYER, 2014, 89).

Os três modos fundamentais de artes plásticas (*bildende Künste*) são (1) música (sem canto, pois a com canto é uma combinação de arte plástica com arte da fala), (2) pintura e (3) "plástica" (*Plastik*) propriamente dita (compreendendo arquitetura, baixo-relevo e escultura)[4]. Cada forma artística corresponde a uma etapa da construção da matéria (PhK § 75, 487 s.), ou seja, é uma potência superior de uma dimensão do espaço: a música é potência do magnetismo (comprimento),

---

detém em uma investigação mais descritiva e empírica das passagens da obra do filósofo em que ele menciona obras de arte (mesmo quando fora de um contexto estético, como em *Sobre as divindades da Samotrácia* – 1815), ao passo que nosso arrazoado será de cunho analítico-conceitual.
2. Sobre a filosofia positiva, cf. Vetö (1998) e Puente (1997).
3. Um ponto de vista semelhante está em Schlegel (KL 33).
4. As artes do discurso são poesia lírica, épica e dramática (PhK 371).

a pintura, da eletricidade (largura) e a plástica, do processo químico (profundidade)[5].

A dialética da filosofia da identidade é aplicada na própria divisão das artes plásticas, a música correspondendo ao real, a pintura ao ideal e a plástica à indiferenciação. Dentro do grupo da "plástica", temos o movimento em outra potência: arquitetura como real, baixo-relevo enquanto ideal e escultura sendo a indiferenciação (PhK 371). Por procederem de uma identidade originária, cada tipo de arte plástica consiste em elementos reais e ideais: como exemplo, a pintura apresenta um lado real (o desenho), um lado ideal (o claro-escuro) e a indiferenciação (o colorido).

No caso da música, ela corresponde, em termos de filosofia da natureza, ao magnetismo (PhK § 75, 489), sendo "[...], como arte, originariamente subordinada à primeira dimensão (tem apenas uma dimensão)" (PhK § 76, 491). O vínculo entre magnetismo e som é pressuposto na *Filosofia da arte* e encontra explicação no *Sistema de toda a filosofia* (1804), em que se afirma haver três correspondentes ideais das etapas da construção da matéria: magnetismo, eletricidade e processo químico encontram contraparte ideal no som, luz e calor, respectivamente (SdgPh §§ 177-180, 354-367). A sonoridade, em si, é incorpórea, embora ela só ocorra na relação entre corpos; uma relação análoga ao que ocorre no magnetismo (SdgPh § 178, 354 ss.), sendo a sonoridade, na natureza, um ato da autoposição eterna do absoluto, "afirmação sonora infinita da ideia de Deus" (SdgPh § 179, 355).

Mantendo a ideia segundo a qual cada forma de arte plástica corresponde a uma dimensão, a pintura se baseia na segunda dimensão

---

5. Os trechos que abordamos neste capítulo, tanto da *Filosofia da arte* (1802-1805) quanto do texto *Sobre a relação entre as artes plásticas e a natureza* (1807), correspondem a passagens ainda pouco estudadas entre os comentadores da estética de Schelling, o que justifica nosso recurso escasso a comentadores na segunda seção, o que é compensado na terceira pela consulta a várias fontes de história da arte. Sobre a música em Schelling, cf. BARROS (2009); SANGUINETTI (2015); JACOBS (2011), 91-92; ZERBST (2011), 130-132. Acerca da pintura, ver BARROS (2010); JACOBS (2011), 92-94; ZERBST (2011), 132-205. No que diz respeito à arquitetura, cf. GUYER (2011); JACOBS (2011), 94-96; ZERBST (2011), 205-220 e, sobre escultura, PUENTE (1997), 24-28; JACOBS (2011), 96; ZERBST (2011), 220-234.

(PhK § 87, 540), sendo eletricidade elevada a uma nova potência. Finalmente, tal como o processo químico, "A plástica é, como arte, originariamente subordinada à *terceira dimensão*" (PhK, § 105, 570, grifo do autor). No entanto, o próprio Schelling enfatiza que o baixo-relevo, parte da plástica, tem a predominância de um aspecto bidimensional sobre o tridimensional, sendo "a pintura na plástica" (PhK § 119, 599).

Embora o esforço de Schelling tenha mérito, é digno de nota o elemento artificial, inerente ao pensamento sistemático, que conduz a problemas. Para Hösle (2007, 690), Schelling não fornece razões para a divisão dicotômica das artes (ideal e real) ser seguida de uma divisão tricotômica (música, pintura, plástica). Outra crítica é que a música[6], vinculada ao tempo, vem antes das demais artes plásticas, entretanto, na física especulativa, o espaço tem primazia lógica em relação ao tempo (AÜ 73-76; SdgPh §§ 69-116, 219-277). A passagem da arquitetura à escultura, além disso, é problemática: o relevo deveria estar entre a pintura e a estátua, e não entre a arquitetura e a escultura. Concordamos com Hösle nesse ponto, e acrescentamos que Schelling não justifica por que o relevo, embora bidimensional, seja considerado parte do grupo da plástica, em que o aspecto tridimensional consiste na grande diferença, e muito menos por que a arquitetura vem antes do relevo.

Tratando-se de um filósofo para quem a investigação da natureza tem papel tão importante, é digno de nota não haver espaço para a jardinagem como arte plástica no sistema de Schelling, visto que era comum considerar essa prática uma bela arte, como em Schlegel (KL 187-192) e em Kant (KU § 51, 323 s.). Uma reflexão sobre como a jardinagem mescla organismo e obra de arte, muitas vezes incorporando a escultura, teria acrescentado conceitualmente ao sistema estético da *Filosofia da arte*. A pintura deveria vir primeiro, junto com o relevo (dada sua bidimensionalidade), e após estes seria a vez da plástica, composta de estátua e, em seguida, jardinagem e a arquitetura (tendo em

---

6. Nota-se, ao longo da filosofia alemã clássica, uma valorização crescente da música. Há sua desvalorização em Kant (KU § 53, 327), um tratamento mais amistoso em Schelling (PhK §§ 76-83, 488-505) e em Hegel, e uma valorização acentuada em Schopenhauer e Nietzsche (Hösle, 2007, 690n).

mente a tridimensionalidade destas). Por último, teríamos a música sem canto e a passagem para o grupo das artes do discurso. Em *Sobre a relação entre as artes plásticas e a natureza* (1807), Schelling apresenta a escultura e depois a pintura, por motivos históricos (a "querela antigos *versus* modernos", estando os antigos para a escultura assim como os modernos para a pintura); enquanto na *Filosofia da arte* (1802-1805), por razões sistemáticas, a pintura antecede a estátua devido a questões de física especulativa e da teoria do símbolo – a tridimensionalidade da escultura é posterior à bidimensionalidade da pintura; a estátua é simbólica e sintetiza esquema (pintura) e alegoria (música). Essa mudança é consistente com o fato de Schelling, com base na obra *Filosofia e religião*, de 1804, tornar-se aos poucos mais distante da ideia de sistema. Na obra de 1807, música, baixo-relevo e arquitetura estão ausentes, provavelmente por se tratar de um breve discurso, com propósito distinto de um curso longo como no caso dos cursos de 1802-1805. Feitas as considerações sistemáticas e indicadas algumas aporias, procedemos ao tratamento de cada arte plástica e, finalmente, à questão histórica.

2. O sistema das artes plásticas

2.1. A música

O elemento fundamental para compreender a música é a sonoridade (*Klang*), e todo som (*Schall*) em geral é transmissão (*Leitung*), sendo sonoridade o ato da alma de intuir o próprio corpo em referência imediata ao finito, necessitando-se de sólidos para que ocorra a ressonância, ou seja: a condição da sonoridade é a saída, por um corpo, da indiferenciação, o que se dá pelo contato com outro sólido, tratando-se de um fenômeno que não é corpóreo, mas que necessita de objetos físicos para ocorrer, como no caso do próprio magnetismo. A continuidade marca a distinção entre sonoridade, som (o mais genérico) e o ruído (*Laut*), cuja marca distintiva é ser interrompido, curto, ao passo que a primeira permite apreender a unidade na multiplicidade, em uma sequência significativa (PhK § 76, 489-490).

Essa característica da sonoridade conduz à forma necessária da música, a sucessão, análoga à consciência de si em sua organização do múltiplo sensível da experiência mediante sucessão de representações (PhK § 77, 490), do que se infere que o componente essencial da música deve ter essa característica como predominante. A música, como ocorre com todas as artes, compreende uma potência real, ideal e a indiferenciação, e sendo ela a arte plástica mais ligada à potência real, seu aspecto mais diretamente vinculado à natureza é sua essência, o ritmo[7], a "música na música" (PhK § 79, 494), que, como divisão periódica do homogêneo, permite a unidade se vincular ao múltiplo, na sonoridade (PhK § 78-79, 491-492). O ser humano desenvolveu o gosto por regularidades na natureza, como o som de cachoeiras, das ondas do mar ou o canto de animais, imitando esses sons, de modo a produzir, ele próprio, o ritmo, por meio do qual se introduziu a multiplicidade nas tarefas monótonas (pura identidade), como o ato de fazer contas ou o trabalho (PhK § 79, 493). Schelling reconhece o aspecto mimético do ritmo, que "[...] está entre os mistérios mais dignos de admiração da natureza e da arte, e nenhuma invenção dos humanos parece ter sido mais imediatamente inspirada pela própria natureza do que essa" (PhK § 79, 492).

Essa capacidade do ritmo de produzir efeitos positivos é distinta do apelo às emoções dos tons, cuja variação em uma música é capaz de provocar alegria ou tristeza. Deve-se abstrair destes, na medida do possível, para se apreender puramente o ritmo, cujos elementos devem ser concebidos inicialmente como indiferenciados em si. Sem ordem, batidas sucessivas de um tambor podem ser desagradáveis, mas, se houver sentido na sucessão das batidas, a sequência pode nos provocar um efeito agradável (PhK § 79, 492). O ritmo transforma o contingente da sucessão em necessidade, havendo aglutinação de sons como algo proposital, e não arbitrário, com a formação de unidades em série, proporcionando a articulação musical. O ritmo simples requer a divisão dos sons em unidades de igual duração, ao passo que o ritmo composto é

---

7. Ritmo é o senso de movimento na música, implicando regularidade e diferenciação. Não se trata de locomoção no espaço, mas de movimentação no tempo, podendo ser marcado com base em múltiplos ou frações de uma batida (APEL, 1974, 729).

uma potência superior da unificação de cadências em membros. Com base nestes, pode-se ainda formar unidades maiores, ou períodos, sendo o ritmo composto do primeiro tipo análogo ao dístico na poesia, e o do segundo tipo, homólogo à estrofe na poesia (PhK § 79, 493 s.).

O esquema triádico adotado na ontologia da identidade é o esquema categorial aplicado na *Filosofia da arte*, e se o ritmo corresponde ao real na música há ainda o ideal e a indiferenciação a se investigar. Ao ideal corresponde à modulação[8], elemento "pictórico" da música, pela qual se mantém a diversidade na música, fundada na determinabilidade musical dos tons, preservando a identidade do tom dominante em uma obra musical, assim como, por meio do ritmo, observa-se a mesma identidade na diferença quantitativa (PhK § 80, 493). A melodia[9], por sua vez, equivale à indiferenciação, ao aspecto "plástico" da música como síntese de ritmo e modulação, recebendo tratamento reduzido nessa obra, notando-se maior importância ao ritmo, subordinador das outras categorias como "potência dominante na música" (PhK § 81, 496).

Oposta à melodia, na harmonia[10] há subordinação das categorias musicais à modulação, e não ao ritmo (PhK § 82, 498), resultando

---

8. No caso de Schelling, o conceito de modulação é geral e não técnico (no sentido, por exemplo, de mudança de tom dentro de uma composição, estando entre os recursos mais comuns da variedade harmônica – APEL, 1974, 536). No contexto da *Filosofia da arte*, modulação diz respeito à arte de jogo entre alturas dos sons (PhK § 80, 495).

9. Melodia é uma sucessão horizontal de tons (diferente da harmonia, vertical, simultânea). A melodia é inseparável do ritmo e, na polifonia, uma melodia se combina com outras. Na homofonia, a melodia é apoiada por harmonias; já na monofonia, a melodia não tem elemento ou textura adicional (APEL, 1974, 517).

10. Harmonia é a estrutura de acordes (ou vertical) da música, em contraste com o contraponto (cuja estrutura é melódica ou horizontal). A valorização da harmonia é maior por volta dos séculos XVIII e XIX, portanto posterior ao contraponto (séculos XVI a XVIII) (APEL, 1974, 371). Contraponto, por sua vez, é praticamente sinônimo de polifonia; exceto pelas diferenças de ênfase (APEL, 1974, 539). Na polifonia, há linhas melódicas independentes, em contraste com a monofonia ou ainda com a música homofônica (em que as vozes são idênticas ritmicamente), não sendo necessário haver várias linhas melódicas, apenas duas já permitindo polifonia elaborada. Diferentemente da polifonia, o termo contraponto é utilizado em contextos sistemáticos mais do que históricos, falando-se de "contraponto de Palestrina"; "contraponto de Bach" etc. (APEL, 1974, 208, 687). A música monofônica apresenta uma única linha melódica, em oposição à polifônica (APEL, 1974, 539).

em uma prevalência do ideal na música, e não do real, tendo como consequência música "menos musical", por assim dizer. Harmonia também existe na melodia, mas apenas se subordinada ao ritmo, e por meio dela as relações tonais diferentes são reconduzidas à unidade no todo (PhK § 82, 498 s.), notando-se que, dada sua associação mais forte à natureza, o ritmo tem maior plasticidade e é vinculado aos antigos, ao passo que a harmonia será associada ao declínio criativo e aos modernos: a música rítmica expressa vigor e satisfação; a harmônica, por sua vez, manifesta nostalgia e esforço de retorno à unidade (PhK § 82, 500).

2.2. A *pintura*

O mais característico da música, a sucessão, é suprimida na pintura, a ser pensada em razão do espaço, e não do tempo, acrescentando o espaço como meio de inserção dos objetos a se representar (PhK § 86, 517 s.), diferindo da escultura, ao isolar a obra, criando um novo mundo na tela (ou parede, vaso), dissolvendo o particular no universal ao recriar o mundo sob várias perspectivas diferentes (ÜdV 308), sendo esquemática como a geometria, ao passo que a música é como aritmética. A forma geométrica precisa do espaço fora dela para ser representada, expondo o ideal no espaço; já o corpo, com extensão real, tem espaço próprio em si mesmo, como no caso da estátua, de modo que a pintura "não expõe figuras realmente corpóreas, mas somente os esquemas dessas figuras" (PhK, § 86, 518).

Consistente com a filosofia da natureza, a pintura representa, no espaço, o acréscimo da segunda dimensão à primeira: "A pintura é, como arte, originariamente subordinada ao *plano*. Ela apresenta apenas planos e só pode produzir a aparência do corpóreo no interior dessa limitação" (PhK § 86, 518, grifo do autor).

O real da pintura é o desenho; o ideal consiste no claro-escuro, e a indiferenciação diz respeito ao colorido (PhK § 87, 519), sendo a essência da pintura o claro-escuro, dado ele corresponder à potência ideal da arte plástica. As artes plásticas são subordinadas à unidade real, e o que se exige em primeiro lugar delas é o elemento que corresponda ao aspecto real, resultando no ritmo como a primeira exigência da música. Analogamente, a primeira exigência da pintura é o desenho, do qual as formas dependem, sendo conciliadas com a matéria por meio do claro-escuro e do colorido. O desenho, por sua vez, permite à arte representar uma beleza acima da sensibilidade, em razão de seu aspecto formal, ao contrário do que faz a pintura holandesa, focada na reprodução do sensível (PhK § 87, 520 s.).

Tal como na apreensão do ritmo se deve evitar o contingente e acessório, no desenho deve-se priorizar a forma e o essencial, visando ao necessário: em um quadro histórico, por exemplo, os personagens são mais importantes que a arquitetura ou animais, sendo a figura humana o mais importante na pintura (PhK § 87, 526). A importância do desenho é consistente, em termos sistemáticos, com a dinâmica de produtividade e desaceleração, limite e ilimitado, dado o caráter limitador do desenho, bem como a atribuição de forma por ele efetuada, havendo um caráter "demiúrgico" no desenho, capaz de enformar novos mundos pela imaginação plasmadora.

A forma ideal da pintura é o claro-escuro, capaz de conferir a ela a aparência de corpóreo, pela via da espessura, apreensível mais facilmente pela luz e sombra, permitindo uma ideia de superfície e profundidade (PhK § 87, 531). Essa técnica é inseparável do desenho, pois só com luz e sombra se consegue expor a verdadeira figura de algo, tendo Correggio dominado o claro-escuro e empregado a maior diversidade possível de iluminação, como na própria natureza. Na transição da segunda para a terceira categorias de pintura, o filósofo afirma:

> Cada forma de arte corresponde, ela mesma, a uma dimensão, e em cada forma de arte a essência, a substância, é aquilo que mais corresponde à sua dimensão. Assim, encontramos que, na música, o ritmo é a substância mesma dessa arte, porque ela própria está submetida à primeira dimensão. Assim, na pintura ela [a substância] será claro-escuro, e o colorido é a terceira dimensão, na medida em que, no mesmo, luz e cor não são aparentemente, mas verdadeiramente um; todavia, o claro-escuro é a substância da pintura como tal, pois ela própria se baseia apenas na segunda dimensão (PhK § 87, 540).

O desenho fornece o aspecto real da pintura e o claro-escuro, o ideal, sendo a indiferenciação o colorido, forma unificadora das anteriores, tornando em corpo a luz, sendo Ticiano um pintor insuperável na identificação entre luz e matéria (*Stoff*). Se as categorias anteriores proporcionam delimitação e senso de corporeidade, o preenchimento cromático possibilita a uniformação de matéria e luz em uma potência mais elevada que no âmbito natural. No mundo inorgânico, o colorido mais universal são os metais, aparecendo de modo vivo no reino vegetal e, em seguida, nas penas dos pássaros, e nos animais figura na pele e na carne, sendo difícil de se reproduzir graças à complexidade e ao brilho (PhK § 87, 539).

A carne recebe destaque por ser considerada uma mistura de várias cores, motivo pelo qual não é semelhante a nenhuma em particular, apresentando-se como "a mistura mais indissolúvel e bela de todas [elas]" (PhK § 87, 540). O colorido tem como tarefa expressar a carne e seu vínculo com as emoções (cólera; vergonha; nostalgia) (PhK § 87, 540), passando a ser associado, em *Sobre a relação entre as artes plásticas e a natureza*, a um distanciamento da natureza e a uma elevação do espiritual (ÜdV 320), traduzindo um declínio na pintura, decorrente da perda de equilíbrio entre espírito e matéria.

A pintura não expõe o devir, mas o que já se tornou, em níveis distintos, havendo uma hierarquia de objetos da pintura, levando em conta tanto o aspecto orgânico ou inorgânico quanto a complexidade cultural do representado, sendo natureza morta o estrato inferior da pintura[11] (PhK § 87, 542-544). A apreciação do retrato, um dos níveis intermediários, é ambígua: em um momento, o retrato é o estrato mais baixo dos tipos de quadro sobre a figura humana, tratando-se de "imitação servil da natureza" (PhK § 87, 547). Todavia, em outra passagem próxima, admite-se o retrato como arte capaz de transcender a reprodução imediata do visto e se tornar intérprete da figura, trazendo para o exterior a força interior, unificando, em um único momento, a própria ideia de humanidade, elogiando-se Rafael, Da Vinci e Correggio como exitosos nessa tarefa (PhK § 87, 546 s.).

---

11. A discussão sobre níveis de pintura é inspirada em SCHLEGEL (KL 183-208).

Ao longo dessa discussão sobre os níveis da pintura, há observações acerca de alegoria e símbolo indicadoras de confusão conceitual a respeito desse tipo de arte: em um momento, a pintura é classificada como esquemática (PhK § 39, 410), em virtude de sua relação com a luz e a geometria, mas, em outra passagem da mesma obra, é reconhecida como alegórica por natureza (PhK § 87, 550) e, para aumentar a imprecisão, seguem-se os quadros simbólicos como estratos mais elevados da pintura (PhK § 87, 555 ss.). Esse tipo de arte não apenas significa, mas é a própria Ideia, apresentando situações humanas universais repetidas por diferentes personagens ao longo da história, porém ainda não apresenta as ideias da maneira mais elevada, capacidade exclusiva da escultura e, no caso das artes do discurso, da poesia dramática.

2.3. A *arquitetura*

As demais obras de artes plásticas pertencem a um conjunto chamado "plástica", consistindo em arquitetura, baixo-relevo e escultura, notando-se que a indiferenciação da plástica sucede o real da música e o ideal da pintura, mas esse conjunto, a síntese, apresenta três potências, segundo a dialética da identidade: arquitetura é a potência da música, baixo-relevo é a da pintura, e a estátua, potência da própria plástica (PhK § 105, 570).

Na filosofia alemã clássica, é comum a pergunta pela finalidade na arquitetura, que poderia comprometê-la enquanto bela arte, já que se trata de uma forma artística tão diretamente ligada ao conceito de fim externo a ela, desde seu cânone, Vitrúvio[12]. Kant (KU, § 51, 323n), por

---

12. Marco Vitrúvio Polião (81 a.C.-15 d.C.) foi um engenheiro militar romano, cujo *De Architectura*, escrito entre 30 e 15 a.C., é o único tratado da Antiguidade em seu gênero que sobreviveu, tendo influenciado Alberti, Rafael e Michelangelo, sua obra constituindo um clássico na história da arquitetura, da engenharia civil e do urbanismo (BROLEZZI, 2007, 25). Segundo Vitrúvio, a obra arquitetônica deve ser realizada de modo a representar os princípios da solidez (*firmitas*), funcionalidade (*utilitas*) e beleza (*venustas*). A solidez é observada desde a escavação dos fundamentos até o chão firme e os materiais a serem usados; já funcionalidade (que podemos entender como finalidade) se refere à obra bem realizada e sem impedimento à adequação do uso dos solos e à

exemplo, afirma que jardinagem e arquitetura diferem fundamentalmente, porque a jardinagem não tem um conceito de objeto como seu fim, como no caso da arquitetura, condicionando seus arranjos, o que permite à primeira mais liberdade à imaginação na contemplação – e nisso a jardinagem seria mais livre e análoga à pintura.

Schelling responde a esse problema de três maneiras: a *primeira* consiste em pensar a finalidade não como princípio do caráter artístico da arquitetura, mas tão somente como sua técnica, sendo a finalidade apenas forma da manifestação, e não sua essência, a beleza transcendendo o aspecto da utilidade (PhK § 107, 574 s.). A *segunda* considera que

> há gêneros de arquitetura em que a necessidade, a utilidade desaparece inteiramente, e as próprias obras já constituem expressão de ideias independentes da necessidade e absolutas; gêneros nos quais ela se torna até mesmo simbólica, nas instalações de templos (Templo de Vesta segundo a imagem da abóbada celeste) (PhK § 107, 576).

O estatuto de "simbólica" dado a esse tipo de arquitetura é consistente, pois aproxima os edifícios de templos, da morada dos deuses, conteúdo temático das belas-artes por excelência, e auxilia a pensar essas obras como foco na apresentação de ideias, e não no cânone vitruviano, algo notado por Guyer (2011, 10-11), para quem a concepção schellinguiana de arquitetura é um distanciamento radical de Vitrúvio, enfatizando o caráter cognitivo dessa arte, cujo objetivo central, no âmbito estético, é transmitir ideias.

De acordo com a *terceira* resposta, a mais consistente com o sistema de Schelling, a arquitetura eleva-se a si mesma para transcender a finalidade, sendo imitação e objeto de si mesma, sugerindo alegoricamente o orgânico com base no inorgânico (PhK § 111, 581), posto que uma arte alegórica por corresponder, no interior da plástica, à música,

---

repartição apropriada e adaptada à exposição solar. Finalmente, beleza diz respeito à elegância e ao aspecto agradável da obra, à medida das partes correspondentes e à lógica da comensurabilidade (Vitrúvio, 2007, I.3, 82). A beleza é observada, por exemplo, no paralelo entre templos e proporções do corpo humano, um elemento de imitação da natureza (Vitrúvio, 2007, III.1, 168 ss.) presente na arquitetura.

sendo "música congelada" (PhK § 107, 576; § 116, 592) ou "música *concreta*" (PhK § 107, 577, grifo do autor). As formas aparentemente livres da arquitetura são imitações das formas da arquitetura mais rudimentar: por exemplo, a arquitetura em madeira, as colunas copiando troncos fincados na terra para suportar o telhado das primeiras habitações. Inicialmente, tal forma era questão de necessidade; posteriormente, foi imitada pela arte livre e se elevou à forma artística (PhK § 107, 577 s.), conciliando subjetivo e objetivo: "A arquitetura, para ser bela arte, deve apresentar a finalidade que está nela como uma finalidade objetiva, isto é, como identidade objetiva do conceito e da coisa, do subjetivo e do objetivo" (PhK § 108, 580).

A arquitetura mostra as formas orgânicas como pré-formadas no inorgânico, resgatando a identidade do subjetivo e objetivo (PhK §§ 108-109, 580). Nesse movimento, a arquitetura deve expor o inorgânico como alegoria do orgânico: ao se imitar como arte mecânica, a arquitetura supera esse tipo de fazer humano, elevando-se a bela-arte que representa alegoricamente os vegetais (PhK § 112, 583). As bases dos edifícios são como raízes e as colunas, análogas a grandes troncos, porém transformados pela criatividade humana, de forma que o móbil da arquitetura é animal (o impulso formativo), mas seu modelo é vegetal.

A passagem da arquitetura à escultura representa, no interior da plástica, a evolução do vegetal rumo ao animal e, dentro do reino animal, rumo ao ser humano, o cânone da estátua clássica, mostrando já haver uma dimensão simbólica na arquitetura, intercalada com seu aspecto predominante, o alegórico. Para que a alegoria do vegetal seja satisfatória, é necessário respeito à simetria do todo, e também a perfeição e o acabamento, tanto em cima quanto embaixo, sendo as flores um exemplo de limite ao crescimento do vegetal, análoga às cabeças dos animais.

A base das colunas adquire significação peculiar nesse contexto, pois é o elemento distante da alegoria vegetal, representando um desprendimento do solo (PhK § 113, 588 s.), e as cúpulas são elogiadas como representação da própria alma do mundo, uma totalidade perfeita (PhK § 113, 589). O humano já se encontra presente nas proporções da arquitetura[13], sendo as formas mais significativas quanto mais perto do topo do edifício; a parte mediana do edifício significa a caixa torácica do corpo, havendo menção aos principais ornamentos do relevo serem situados no frontão do edifício, comparável à cabeça humana, sendo a fronte do edifício "[...] indicada exteriormente como a sede dos pensamentos" (PhK § 113, 589).

Mantendo o estilo da *Filosofia da arte*, a arquitetura tem três categorias fundamentais, correspondendo ao real, ideal e indiferenciação, ressoando partes da música: "A arquitetura tem, como a música da plástica, tal como ela, uma parte rítmica, uma parte harmônica e uma parte melódica" (PhK § 114, 590). Essa adaptação se mostra inconsistente por trocar modulação pela harmonia, anteriormente representante de decadência musical pelo distanciamento da natureza e subordinação ao ideal (PhK § 82, 497 ss.). O ritmo da arquitetura é ilustrado pela ordem dórica de colunas e expresso pela "divisão periódica do homogêneo" (PhK § 115, 590). Tal divisão se nota, por exemplo, na distância entre as colunas, tratando-se de intervalos de espaço, e não de tempo (como na música). Como a arquitetura pertence à plástica, ela sintetiza música e pintura, conciliando sucessão da música com a supressão daquela, presente na pintura.

O aspecto harmônico ou ideal encontra seu exemplo paradigmático na ordem jônica de colunas, referindo-se a proporções, especialmente em relação ao corpo humano (PhK § 117, 594 ss.). Schelling afirma que a harmonia é a dominante na arquitetura, pois ela é de natureza ideal (PhK § 117, 595); mas, no sistema das artes plásticas, ela corresponde ao elemento real da plástica. Por fim, a síntese do dórico e jônico resulta na ordem coríntia como paradigma da parte melódica na arquitetura (PhK § 118, 597 s.).

---

13. De acordo com o gênero do deus ou da deusa a ser homenageado(a), o templo seguirá ou a ordem dórica, mais viril, ou a ordem jônica, mais leve, aerada e esguia, sendo um templo para Dionísio dórico e um templo para Vênus, jônico. Por exemplo, um templo jônico tem volutas no capitel à direita e à esquerda, como se fossem cachos de cabelo feminino, e as estrias pelo fuste simulam o drapejamento (VITRÚVIO, 2007, IV.1, 202 s.). Schelling discorda dessa analogia, defendendo que as volutas exprimem, na verdade, a "pré-formação" da vida no inorgânico, como os fósseis (PhK § 117, 595 s.).

2.4. O baixo-relevo e a escultura

O baixo-relevo não tem grande relevância estética e nem histórica na exposição de Schelling, tendo sido incluída meramente por fins sistemáticos, correspondendo ao componente ideal dentro da plástica e ao único tipo de arte abordado a não ter três categorias. De um lado, o relevo representa objetos de maneira corpórea, semelhante à escultura; de outro, o faz como necessidade de um fundo, como na pintura, sendo intermediário entre as duas artes; entre duas e três dimensões (PhK § 119, 599), caráter híbrido refletido na tendência ao vínculo com outras formas artísticas, especialmente a arquitetura (PhK § 121, 601).

A estátua, em contraste, é o ápice da filosofia das artes plásticas devido ao papel da figura humana, mas ela não é desenvolvida de modo tão detalhado quanto a música, a pintura e a arquitetura. A plástica "por excelência" é a escultura, que expõe ideias por meio de seres orgânicos e independente dos fundos (distinta da pintura), com objetos autossuficientes, superando o relevo, e podendo ser contemplada como um todo, estando acima da arquitetura. A estátua é uma totalidade fechada em si mesma, "imagem do universo" (PhK § 122, 602). A escolha de uma expressão de cunho leibniziano (Mon § 56) não é acidental, pois esse tipo de arte plástica é suprema, autossuficiente e autotélica como as mônadas. A beleza se apresenta em várias formas no mundo animal, mas culmina no ser humano, a mais elevada e desenvolvida da natureza, em que "a arte não ecoa em um som ou tom particular; ou em um acorde isolado, mas toca como uma melodia harmoniosa da beleza" (ÜdV 305).

Considerando a obra de arte como expressão do absoluto, quanto mais elevado for um objeto desse tipo, mais adequado será para representar a totalidade. E, em virtude de sua posição no ápice do sistema das artes plásticas, a escultura é a apresentação mais adequada do absoluto, o mais próximo do divino. Como observamos anteriormente, o absoluto é considerado Deus e também a própria razão, sendo a estátua expressão desta por meio da imagem do ser conciliador de natureza, matéria e razão, o ser humano, motivo pelo qual a figura humana é o objeto mais elevado da estátua (PhK § 123, 602).

A estátua não reproduz o vegetal, pois seria uma imitação insatisfatória sem vida, ou seria uma alegoria já empreendida pela arquitetura, com o que ela coincidiria com esse tipo de arte. A escultura até chega a imitar animais não humanos, mas nesse caso (a) não representa seres elevados à razão e (b) não apresenta seres com individualidade, pois não pensamos em um gato como figura histórica, sendo a representação de feras um nível inferior à da estátua, cabendo à figura humana o papel de cânone da escultura (PhK § 123, 602 s.), dado seu caráter simbólico. No caso dos outros animais, só se tem alegoria, o gênero inteiro correspondendo a um indivíduo (a raposa representa astúcia; a serpente, manipulação).

Em uma seção no interior do § 123, inspirada no *Timeu* (PUENTE, 1997, 24), Schelling explora o sentido simbólico da figura humana, bem como a analogia entre o homem e a própria razão: a posição vertical em completo desprendimento da terra aponta superioridade diante de muitos animais, ao passo que a construção simétrica respeita essa postura ereta, anulando a polaridade leste-oeste que é anulada com a simetria do corpo (PhK § 123, 604 s.).

Outro ponto notável da figura humana é a subordinação da nutrição, reprodução e movimento (almas vegetativa e sensitiva, na terminologia aristotélica) ao sistema mais alto (sistema nervoso, alma racional). Estranhamente, Schelling menciona o ser humano como o que mais livremente se eleva acima do mar, mas as aves têm capacidade de muito mais movimento (PhK § 123, 605). A cabeça representa o céu, em particular o Sol, e o coração é sede das paixões e das inclinações, os pés significam o desprendimento da terra, e as mãos e os braços "significam o impulso artístico do universo e a onipotência da natureza, que tudo modifica e configura" (PhK § 123, 605 s.). O sistema muscular possibilita conceber o corpo como um microcosmos, ou "sistema fechado de movimentos" (PhK § 123, 607). A presença de pouco revestimento no ser humano não é uma deficiência, mas representa a relação imediata com a natureza, tal como a razão via intuição intelectual.

As três categorias da escultura são baseadas em Winckelmann, correspondendo às três ideias mais elevadas depois da ideia de absoluto:

verdade (real), graça (Bem, ideal) e beleza absoluta (Belo, indiferenciação). Verdade diz respeito à beleza das formas e da figura, sendo a estátua associada a uma apresentação da realidade efetiva, e não mera imitação do sensível (tema aprofundado no capítulo seguinte); graça se vincula à medida e à proporção; e a beleza suprema é síntese entre verdade e graça, sendo igual a si mesma e autossuficiente, como o próprio absoluto (PhK § 124, 609 ss.).

A escultura é a obra de arte plástica completa, do ponto de vista da física especulativa, por ser tridimensional e representar a figura humana, e, sendo uma arte simbólica, capaz de expressar os mitos, significando tanto a si mesma quanto algo para além dela própria. Feitas as considerações sistemáticas, entraremos no mérito da interpretação de teses de história da arte feitas pelo filósofo, mostrando como seu caráter temporal possibilitou novas maneiras de se compreender não só as obras de arte, mas a própria filosofia da identidade.

3. Schelling e a história da arte

3.1. Do especulativo ao histórico

Schelling realizou a primeira apresentação simultaneamente histórica e sistemática na estética alemã (ZERBST, 2011, 9), conciliando o especulativo com o empírico. Ele reconheceu ser difícil adquirir conhecimento na história da arte e se dedicou ao estudo do campo[14], leu poesia e viu obras de artes plásticas, tendo também convivido com artistas. Em sua época, não contava com a reprodução de catálogos e documentários sobre vida e obra de grandes pintores, exigindo-se que

---

14. Fontes utilizadas por Schelling na investigação em história da arte (SANDKÜHLER, 1970, 95 s.): *História das artes do desenho desde sua renovação até os tempos modernos* (5 volumes), de J. Dominicus Fiorello; *Vozes dos povos nas canções*, de J. V. Müller; a *História da pintura na Itália*, de J. Riepenhausen; e a *História da arte da Antiguidade*, de Winckelmann. Os cadernos de William Hodges (1744-1797) foram uma fonte de reprodução das arquiteturas hindu, moura e gótica (ZERBST, 2011, 211 ss.). Na investigação sobre a música, o filósofo consultou o *Dicionário de música* de Rousseau (PhK § 81, 497).

os espectadores percorressem grandes distâncias para apreciar as obras nos museus (BARROS, 2010, 202)[15].

Embora a arte seja expressão do absoluto, a variação de suas formas e temas ao longo do tempo conduz a pensar na contingência e multiplicidade histórico-cultural. Schelling acreditava ser possível a história da arte apontar uma unidade interna das obras (PhK 372), seja na expressão natural da mitologia grega, seja na manifestação espiritual dos mitos cristãos. A construção das formas de arte é, simultaneamente, construção histórica, isto é, determinação das artes pelas condições temporais, captando a unidade na multiplicidade. A oposição entre antigos e modernos[16], para o filósofo, é efeito do dualismo, infiltrado na história da arte, sendo obstáculo ao procedimento visado, um entrave não superado na sua investigação, que opera com base na oposição antigos/modernos (VM 351).

A arte grega apresenta a identidade entre indivíduo e coletividade, todo e partes (assim como a própria razão entendida como absoluto), ao passo que a arte dos modernos é o lado "irracional", negativo da arte antiga (PhK § 42, 417). Notar essas diferenças conduziu o olhar do filósofo para o fato de que apenas uma construção filosófica das obras de arte com base nos princípios do sistema da identidade não suprime a necessidade de investigação aberta à contingência e à experiência.

---

15. Em 1798, Schelling visitou a coleção de pintura em Dresden, onde viu obras como *A Santa Noite*, de Correggio (Barros, 2010, 202).

16. A oposição entre antigos e modernos, na história da arte, remete a Vincenzo Galilei, autor do *Diálogo sobre a música antiga e moderna* (1581), texto pioneiro na chamada "Querela entre antigos e modernos". Essa oposição se traduz em outras, por exemplo: os "inovadores" preferiam Rubens (holandês) a Apeles, Newton a Aristóteles. Os conservadores, por sua vez, exaltavam valores da arte antiga, o conhecimento da filosofia antiga e temas da mitologia, priorizando o desenho sobre o colorido (com destaque para a figura do Rafael). No caso das artes visuais, a escultura em mármore e arquitetura antiga foram imitadas dos antigos, ao contrário do que foi feito com a música, pois as práticas musicais dos gregos antigos só podiam ser inferidas de textos escritos. Não obstante, Galilei comparou a música monodia grega e sua expressividade com a rede intrincada de polifonia vocal produzida pelos madrigais e motetos de seu tempo) (Hanning, 2005, 112-114). Nota-se, no que tange a essa querela, Schelling como um conservador ou classicista, segundo os critérios mencionados, e não como um romântico.

Isso resultou em um elemento novo resultante da investigação schellinguiana sobre história da arte: a abertura ao acaso na história.

Para as críticas, o aparato textual será a consulta a historiadores da arte, especialmente Argan (2003) e Panofsky (1960; 1994) (pintura, escultura); Burkholder et al. (2014) (música) e Toman (2004), no caso da arquitetura. Intérpretes da estética de Schelling raramente entraram no mérito da pertinência histórica das suas investigações, sendo nosso intuito expandir considerações de Sandkühler (1970) e Zerbst (2011) com base na interlocução com história da arte, diferindo metodologicamente por conferir peso à pertinência histórica das teses apontadas na *Filosofia da arte* (1802-1805) e em *Sobre a relação entre as artes plásticas e a natureza* (1807).

3.2. Teses sobre a história da música

No caso da música, duas teses apresentadas na *Filosofia da arte* ainda são aceitas, em geral, entre historiadores da arte, e outra não é mais acatada. Uma tese correta apontada por Schelling é da concepção pitagórica de ritmo: a ideia da música como ritmo surge nos pitagóricos e reaparece em Ptolomeu, Boécio, Ficino, Kepler, Newton, entre outros (SANGUINETTI, 2015, 182), sendo essa tese ainda aceita na história da música (BURKHOLDER et al., 2014, 13). Segundo a interpretação pitagórica, harmonia é própria forma do *cosmos*, e Schelling se apropria dessa noção, afirmando que as formas da música são formas das coisas eternas, consideradas pelo lado real, como no caso dos corpos celestes, sendo a música o ritmo e a harmonia do próprio universo, a arte que representa o movimento puro (PhK § 83, 501 s.). Em uma junção de estética e cosmologia, o filósofo associa o ritmo dos planetas, em sua força expansiva, centrífuga, aos antigos; ao passo que os cometas são vinculados ao mundo moderno, como "mera confusão harmônica, sem ritmo" (PhK § 83, 504). A força centrípeta refletora da nostalgia do centro característica do mundo moderno: "Os corpos celestes flutuam nas asas da harmonia e do ritmo; aquilo que se chamou de força centrípeta e força centrífuga não é senão – esta, o ritmo, aquela, a harmonia" (PhK § 83, 503).

Segundo interpretações equivocadas da doutrina pitagórica sobre a música das esferas, os corpos grandes teriam que provocar um som em seus movimentos velozes, e esse som gera "uma harmonia consoante, ordenada segundo relações musicais entre os tons" (PhK § 83, 502). Os corpos celestes giram com velocidade diferente, porém regular e em círculos sempre mais amplos, o sistema solar se assemelhando a "uma lira de sete cordas" (PhK § 83, 502). Pitágoras, todavia, não afirma que esses movimentos causam uma música, mas que eles mesmos são uma música, não se podendo ouvi-la em razão de sua violência ou porque é constante, como no caso de homens que moram junto a um moinho. Solucionar a lei da quantidade e das distâncias entre os planetas permitiria, para Schelling, conhecer o sistema dos sons em maior profundidade.

Outra tese correta de Schelling é que a música dos antigos é rítmica, ao passo que a dos modernos é harmônica, sendo o canto coral um vestígio da música antiga nos modernos, como o *canto firmo*[17] no contexto medieval. A oposição entre antigos e modernos é retomada em várias etapas na exposição sobre a música, ao contrário dos casos da pintura e demais artes plásticas na *Filosofia da arte*. Todavia, em *Sobre a relação entre as artes plásticas e a natureza*, surge uma oposição entre escultura como arte própria dos antigos e pintura, pertinente aos modernos, a ser considerada no tópico seguinte.

Não conseguimos acesso direto à música dos antigos, cujo princípio é realista, plástico e heroico, (PhK § 81, 497), melodia e ritmo prevalecendo nos antigos, apontando para o real e necessário; enquanto harmonia se sobressai nos modernos, sugerindo o ideal e o contingente. Essa exposição de Schelling sobre diferenças entre música antiga e moderna é adequada do ponto de vista da história da música. De fato, na Antiguidade o ritmo é a categoria essencial da música, e Hösle (2007, 672n) aponta que a polifonia desenvolvida no mundo medieval e moderno pressuporia uma mentalidade mais intersubjetiva e coletiva, superando a tendência individual e discreta do pensamento e ciência antigos.

---

17. *Canto firmo* é melodia que se torna base de composição polifônica pela adição do contraponto (APEL, 1974, 130).

No mundo antigo, (1) a melodia se vinculava à métrica e ao ritmo; (2) os músicos confiavam na memória e no conhecimento de fórmulas e convenções, ao invés de lerem notações; (3) os filósofos concebiam a música como um sistema ordenado, entrelaçado com o sistema da natureza e como força na conduta e pensamento humano; os gregos acrescentaram (4) teoria acústica fundada na ciência; e (5) uma teoria musical bem desenvolvida. A música grega que sobrevive é a monofônica, com uma só linha melódica, ao passo que notação e polifonia só são desenvolvimentos da Idade Média, no contexto da música eclesiástica (BURKHOLDER et al., 2014, 11-22).

Uma discordância de Schelling em relação à historiografia atual foi ter aceitado que o canto polifônico só foi descoberto no século XII (PhK § 82, 501), sendo este o ponto mais controverso na tradição de comentários sobre suas considerações a respeito da música e sua história, com duas interpretações mais atuais sobre o tema. De acordo com a primeira hipótese, como em Burkholder et al. (2014, 85-86), a polifonia começou como performance, tornou-se prática de composição oral e, em seguida, tradição escrita, tendo o canto polifônico se desenvolvido entre 996-1025. A polifonia inaugurou quatro conceitos marcantes na música ocidental: (1) contraponto; (2) harmonia (regulação de sons simultâneos); (3) centralidade da notação musical; (4) ideia de composição como algo diferente da performance. A polifonia é comumente associada ao estilo gótico e à escolástica (diálogo entre cristãos e pagãos), elevando a grandeza do canto e da própria liturgia, com destaque para a polifonia de Notre Dame, desenvolvida especialmente entre 1162 e 1250, em que houve criação de um repertório de grandeza e complexidade sem precedentes. Essa música foi valorizada por tornar os cultos ainda mais impressionantes, criando um paralelo no som entre o tamanho e a decoração das igrejas e catedrais góticas (BURKHOLDER et al., 2014, 83-91). Um ponto crítico a se notar é a relação entre música e ritual[18] não ser explorada por Schelling a fundo, apenas com breves menções à relação entre polifonia e Igreja (PhK § 82, 500), algo curioso no caso

---

18. Cf. WISNIK (1989, 32-40).

de um pensador que enfatiza a mitologia como tema das obras de arte (PhK § 24, 386).

A segunda hipótese, de Apel, defende que não há teoria mais sólida sobre origem da polifonia, pois os primeiros exemplos mais extensos de polifonia (c. 900 EC) não são um início, mas um ponto culminante de um desenvolvimento cuja origem está na música oriental (APEL, 1974, 687). Tanto no caso do primeiro quanto do segundo historiador, Schelling estipulou mais de um século de diferença, e a hipótese de Apel chama atenção para como o campo da história é constantemente revisado e aberto a novas evidências, sendo difícil de se encaixar em uma estrutura sistemática.

3.3. Teses sobre a história da pintura e da escultura

Uma tese de Schelling aplicável especialmente à pintura e à escultura é a de que o tema ou conteúdo fundamental das obras de arte é mitológico, formulação dotada de certa validade quando se pensa no Ocidente greco-romano ou cristão até o século XIX e encontra respaldo em historiadores relevantes da arte (ARGAN, 2003, 65), mas encontra objeções como nos casos da arquitetura e da música, que em muitos contextos não estão relacionadas com mitos. Quando se pensa na cultura árabe, por exemplo, uma representação da divindade é proibida, e o tema da pintura, escultura e relevos árabes não pode ser mitológico.

Há duas interpretações históricas distintas aplicadas na relação entre pintura, escultura, antigos e modernos: na *Filosofia da arte* (1802-1805), o esquema, apresentação do particular por intermédio de um universal, é o princípio universal da religião moderna e, dada a natureza esquematizante da pintura, esta predomina no mundo moderno (PhK § 87, 536 s.; 566). Já no caso da escultura, o pensador omite a "querela", afirmando não haver oposição antigos/modernos na plástica (PhK § 133, 632).

Em *Sobre a relação entre as artes plásticas e a natureza* (1807), por sua vez, Schelling adota uma interpretação distinta, tendo a plástica prevalecido na Antiguidade e a pintura no mundo moderno (ÜdV 317 s.), notando-se equilíbrio entre matéria e espírito na escultura em oposição ao predomínio do espiritual na pintura (ZERBST, 2011, 242). A pintura se constitui de modo bem diverso da escultura, não expondo os objetos por meio corpóreo, por luz e cor, mas por um meio de certo modo espiritual, incorpóreo, elevando a matéria acima do espírito ao não conferir tanto peso à matéria. A escultura representa atividade e ação no mundo natural, ao passo que a pintura apresenta resignação e renúncia (ÜdV 316), de modo análogo ao ritmo na música antiga, robusto; em oposição à harmonia moderna, nostálgica.

As duas interpretações se mostram equivocadas, pois a pintura grega era notável, os antigos a consideravam equivalente e talvez superior à escultura. Infelizmente, restaram apenas fontes literárias e reflexos iconográficos nas pinturas em vasos, mas a função social do pintor não era menos importante que a do escultor[19], havendo grandes quadros com figuras mitológicas em pinacotecas e em edifícios públicos (ARGAN, 2003, 131 s.). No caso da escultura, houve desenvolvimento considerável dessa arte durante a modernidade, tanto na Holanda (Claus Sluter) quanto na Itália (Donatello, Michelangelo) (PANOFSKY, 1960, 164-178).

A concepção antiteleológica de história da pintura é outra tese apresentada por Schelling, postura compatível com a de Argan, que condena um esquema evolucionista para se pensar a história da arte, defendendo ser necessário dotar de sentido próprio cada situação histórica, e não apenas em relação a outras situações (ARGAN, 2003, 48). Essa noção é interessante para criticar concepções teleológicas de história, inclusive da arte, algo comum no pensamento hegeliano.

Na *Filosofia da arte* (1802-1805), Rafael é o pintor supremo, equilibrando todas as categorias da pintura (PhK § 87, 560), mas Correggio é o pintor por excelência, por ser o mestre do componente essencial dessa arte plástica, isto é, do claro-escuro (PhK § 87, 537); ao passo que Michelangelo é apontado como senhor do desenho (PhK § 87, 527) e Ticiano, do colorido (PhK § 87, 540), notando-se articulação entre história da arte e as três categorias da pintura, recurso bem distinto do adotado em *Sobre a relação entre as artes plásticas e a natureza* (1807), na

---

19. Apeles (século IV AEC), por exemplo, foi o maior pintor grego e o favorito de Alexandre Magno, tendo sido outros pintores de destaque Parrásio e Zêuxis (século V AEC.) (ARGAN, 2003, 131 s.).

qual Schelling traça um paralelo entre a história da pintura moderna e a história da mitologia grega. Essa passagem tem um sentido filosófico de abandono da interpretação sistemática da história da pintura em prol de uma interpretação simbólica e mitológica, em um testemunho da mudança da própria filosofia abordada na tese, que aos poucos vai se distanciando do sistema em prol de uma filosofia mais aberta para a mitologia e a religião e as diversas situações existenciais apresentadas em seus relatos, ou seja, uma filosofia mais voltada para a vida (filosofia positiva) que para a academia (filosofia negativa).

A pequena história da pintura em *Sobre a relação entre as artes plásticas e a natureza* aponta a pintura no mundo moderno como apresentando o sofrimento da alma, indicando uma predileção pela escultura, que é centrada em um ponto, ao passo que a pintura, assim como a luz, preenche o todo. O primeiro momento é representado por Michelangelo, correspondente à época mais antiga e poderosa da arte tornada livre com suas criações colossais, o *Juízo Final* lembrando os primeiros períodos da Terra, a Era dos Titãs. Michelangelo não evita o assustador, buscando-o na natureza, com sua austeridade e força profunda, mostrando força puramente plástica na pintura moderna. Após o início violento, o espírito da natureza se transfigura (ÜdV 319), conduzindo ao segundo momento, Correggio, época na qual a alma sensível se torna fundamento da beleza. Sua época é como o governo de Cronos, e a verdadeira Era de Ouro da arte, com inocência jovial e prazer infantil, além de unidade entre corpo e alma.

O terceiro momento, representado por Rafael, corresponde à era de Zeus, apontando equilíbrio entre o humano e divino (ÜdV 320), seguido do quarto momento e Decadência, ilustrado por Guido Reni, que conduziu a pintura a um nível inédito, porém não mais elevado (ÜdV 320).

O esforço de Reni, em algumas obras, perde-se no indeterminado, e que frequentemente é incerto, como na *Ascensão de Maria*. A austeridade e rigidez presentes em Michelangelo são apagadas e a própria pintura se parece com a alma, o que se retrata na carne efêmera, bem distinta da *Madonna de Foligno*, de Rafael, e sua carne vivificada (ÜdV 321). A história da pintura tendeu, como notado, a uma excessiva valorização do espiritual e à perda cada vez maior da força produtora da natureza, em uma cisão resultante em dualismo, típica do mundo moderno.

3.4. Teses sobre a história da arquitetura

No campo da história da arte, a arquitetura é a área em que Schelling propôs mais interpretações divergentes com a historiografia atual, causados tanto por suas fontes quanto por preconceitos do pensador. Sua apreciação do mundo antigo é razoável, como mostra sua leitura de Vitrúvio, mas suas interpretações do estilo gótico[20] contêm muitas falhas, sendo um ponto em que o filósofo foi mais influenciado por August Schlegel (KL 168) do que pelo irmão Friedrich ou por Goethe. A apreciação positiva das catedrais góticas por Friedrich Schlegel e Goethe, em parte, foi graças ao caráter transcendente e espiritualista delas (TOMAN, 2004, 7), e nesse contexto um equívoco historiográfico comum era conferir ao gótico um estatuto de arte alemã, pois, na verdade, esse estilo foi uma contribuição original da França, o que levou a outra atitude, mais negativa, em relação à Idade Média alemã.

Na *Filosofia da arte*, uma tese parcialmente correta é apontar o vegetal como modelo da arquitetura, inferior ao humano; a arquitetura gótica mostra essa proximidade com as plantas por causa de seu estado "rudimentar", bruto, dotado de uma inclinação quase instintiva rumo ao modelo vegetal, tendo como modelo principal a Catedral de Estrasburgo e seu campanário, possível de ser representado como uma enorme

---

20. Gótico é um termo originado da arquitetura, mas que hoje se estende a vários outros campos, com a escultura e a pintura, geralmente se inserindo no contexto arquitetônico, envolvendo aspectos estéticos, políticos, religiosos, econômicos e intelectuais, como notado por ARGAN (2003, 338), PANOFSKY (1994; 2001) e STODDARD (1972). No caso arquitetônico, o estilo gótico não se restringe à catedral, tendo aparecido em mosteiros cistercienses, igrejas de ordem mendicante e igrejas de Poitou (TOMAN, 2004, 18). A pergunta pela origem do estilo gótico recebeu respostas diversas, só se chegando a uma solução mais elaborada na segunda metade do século XX, em grande parte graças aos trabalhos de PANOFSKY (1960, 2001) sobre Suger de Saint Denis. POPE (1933) chegou a pensar em uma origem persa do gótico, tendo sido duramente criticado na época, o que chama a atenção para um risco da investigação em história da arquitetura: semelhanças não necessariamente indicam origem.

árvore que se alarga, de uma base estreita, a uma copa imensurável, abrindo suas hastes e ramos por todos os lados do espaço. Na arquitetura gótica, reconhecem-se as formas das plantas, sendo as pequenas torres laterais representações das hastes e ramos (PhK § 112, 583 s.).

As construções laterais situadas mais próximas da terra e acrescentadas às obras autenticamente góticas, como capelas junto às igrejas, indicam as raízes que essa grande árvore espalha ao redor de si. O paralelo também é perceptível nos chamados claustros nos conventos, que representam uma série de plantas, cujos ramos vão em direção um ao outro e se emaranham por cima, formando uma abóbada (PhK § 112, 584), resultando em uma arquitetura inteiramente naturalista, mera imitação da natureza como algo inerte (PhK § 112, 586). A historiografia atual reconhece que a decoração em igrejas abaciais e episcopais no estilo gótico, para ilustrar o distanciamento da vida nos centros urbanos, remete a aspectos da natureza, como animais ou vegetais (ARGAN, 2003, 341), mas Schelling, embora ciente do fato de que há estilos de arquitetura baseados em proporções da figura humana (PhK § 117, 595), como os templos gregos (VITRÚVIO, 2007, IV.1, 202 s.), insiste em manter uma associação rígida da arquitetura com o vegetal e da escultura com o humano.

Uma tese do filósofo que diverge bastante do que se conhece hoje em história da arte foi sobre a origem do estilo gótico, a hipótese da procedência germânica da arquitetura gótica lhe parecia plausível, e após isso teria ocorrido uma migração para a Holanda e Inglaterra, tendo os alemães imitado suas florestas na edificação, especialmente em templos. Todavia, a hipótese que o filósofo desenvolve como mais correta, baseado nos cadernos de Hodges, é a de que a arquitetura hindu seria origem da arquitetura gótica, sendo ambas alegóricas do mundo vegetal, não significando nada em si mesmas (PhK § 42, 423 s.; § 112, 584 ss.).

O estilo gótico emergiu, na verdade, por volta de 1140 em um reino pequeno, Francia, que ocupava a área entre Compiègne e Bourges, e tinha Paris como seu centro. Suger de São Denis (~1081-1151), abade de São Denis em 1122, buscou restaurar o prestígio anterior da abadia e renovar a influência da Igreja, tornando-se, com o trabalho na abadia (1137-1144), o iniciador de uma nova ordem espacial para construção dos edifícios (TOMAN, 2004, 8), com a ideia de fundir elementos da arquitetura de Borgonha (arco pontudo) com a da Normandia (abóbada em cruz). Tamanha foi a influência de Suger que, entre 1180-1270, cerca de oitenta catedrais haviam sido construídas só na França (TOMAN, 2004, 9).

Outra hipótese do filósofo é de que a arquitetura gótica evita o limite e busca o ilimitado; ao contrário da grega (PhK § 112, 585), sendo as dimensões das colunas romanas calculadas com base nas dimensões do homem e da mulher, respeitando a estrutura do corpo humano (PhK § 113, 588). Também nas igrejas renascentistas, bases, capitéis e colunas são mais ou menos proporcionais ao pé, ao corpo e à cabeça do corpo humano, respectivamente, e a ausência dessa analogia entre arquitetura e proporções humanas conduziu os teóricos do renascimento a acusar a arquitetura medieval de não ter proporções (PANOFSKY, 1960, 29). De fato, a proporção humana não é respeitada no estilo gótico, mas o sentido estético e antropológico disso não é notado por Schelling.

Em um edifício renascentista, como a Basílica de São Pedro, as portas se erguem cerca de doze metros e os querubins que apoiam as fontes de água benta têm cerca de quatro metros, possibilitando que o visitante expanda a própria altura de acordo com o tamanho do prédio e, com isso, não seja impressionado pelas dimensões objetivas do edifício. Já uma catedral gótica bem menor nos força a permanecer conscientes da altura de fato em contraste com o tamanho do prédio, pois a arquitetura medieval realça a humildade e pequenez do homem, remetendo a um sublime; já os edifícios clássicos e os renascentistas salientam a dignidade do ser humano (PANOFSKY, 1960, 29).

O confronto entre a história da arte do século XX permitiu avaliar criticamente as teses de cunho histórico do filósofo, atentando para a necessidade de boas fontes históricas e cuidado com o excesso de analogias e tentativas de encaixar fenômenos historicamente contingentes em categorias de um sistema. Além disso, o exame conduziu à percepção de que, especialmente no caso da pintura, já se nota uma tendência ao rompimento com o sistema dos cursos de 1802-1805, em prol de uma interpretação mitológica das obras artísticas, trilhando o caminho rumo à filosofia positiva. A visão de que não há contingência na arte (PhK 372) não se sustenta em razão da diversidade e multiplicidade de objetos artísticos, cuja história não segue a lógica de um sistema, mas pode seguir rumos variados, dependendo das circunstâncias políticas, econômicas e religiosas, como o caso do estilo gótico nos ilustra.

O tema da imitação da natureza, presente na avaliação de Schelling da pintura holandesa e da arquitetura gótica, revelou teses que se mostraram incorretas do ponto de vista estético e, no caso do estilo gótico, também do ponto de vista da história da arte. Apesar das interpretações ultrapassadas na apreciação de obras de arte, seu conceito de *mímesis*, presente na seção sobre a pintura na *Filosofia da arte* e nas páginas iniciais de *Sobre a relação entre as artes plásticas e a natureza*, mobilizou sua reflexão fecunda sobre natureza, arte, e o lugar do humano no mundo, conduzindo a temas que hoje chamamos "pensamento ecológico". Outro ganho da consulta à história da arte, especialmente a Panofsky (1994), foi rever as relações entre idealismo alemão e neoplatonismo, tema que veremos no próximo capítulo.

CAPÍTULO IV
Contra a imitação de uma natureza inerte

1. Schelling e Hamann: estética e ecologia

O último passo de nossa obra é o exame das repercussões ecológicas, metafísicas e estéticas do conceito de *mímesis* desenvolvido na *Filosofia da arte* (1802-1805) e em *Sobre a relação entre as artes plásticas e a natureza* (1807), enfatizando a imitação da *physis* como dinamismo plasmador, e não como inércia. Essa tarefa envolve não só exegese, mas certa genealogia do conceito schellinguiano de imitação (a saber, a influência de Plotino, Hamann, Winckelmann e August Schlegel). Por último, propomos um diálogo com dois artistas plásticos do século XX: Paul Klee (1879-1940) e Wassily Kandinsky (1866-1944).

O interesse de Schelling pela *mímesis* surge em seu *Sistema do idealismo transcendental*, em que arte se diferencia de organismo porque aquela resulta de um equilíbrio entre consciência e aconsciente, ao passo que, no ser vivo, exceto o humano, predomina o aconsciente (StI 322), resultando em que o produto natural não é necessariamente belo, havendo um elemento de contingência na beleza natural que a configura como derivada, inferior à artística.

No diálogo *Bruno* (1802), uma obra de arte pode ser considerada bela não por uma representação fidedigna do que os sentidos apreendem, mas por apresentar a verdade na medida em que nos aproxima dos arquétipos (Bru 227). Além de apontar a identidade entre Beleza e Verdade, Schelling critica, no texto de 1802, um "realismo mimético", isto é, a imitação realista do sensível, sendo os gregos e renascentistas valorizados por apresentarem a natureza de forma criativa, conciliando o lado real e o ideal.

Conforme visto na filosofia da identidade, Beleza e Verdade são indiferenciação entre subjetivo e do objetivo, sendo a primeira ideia intuída de modo objetivo, nos reflexos, via imaginação e intuição estética, e a segunda, de maneira subjetiva, nos arquétipos, via razão e intuição intelectual (PhK § 13, 380; § 18, 384). Busca-se na arte o verdadeiro, e não ilusão, desvendando-se o interior da natureza (PhK § 87, 524 s.), numa dinâmica em que um espelhamento pretensamente fiel da realidade só atinge o finito, gerando obras em que só se admira a artificialidade com que se aproxima do natural, sem vinculá-lo às ideias. A beleza na arte é a emulação de arquétipos na mente divina, permitindo a aproximação da verdade legítima (PhK § 20, 384). Como observa um comentador:

> Um girassol de Van Gogh não precisa se aproximar da aparência de um girassol real – e, de fato, não se aproxima – para nos permitir intuir a *ideia* "girassol"; de fato, precisamente nesse distanciamento da aparência de um girassol real que sentimos sua aproximação com aquela ideia [...] (STOTT, 1989, xlix, grifo do autor).

A pintura busca expor ideias pelo aspecto ideal (PhK § 88, 565 s.); ao passo que a escultura o faz tanto pelo ideal quanto pelo real (PhK § 128, 621 s.). Nesse contexto, Schelling critica a pintura holandesa e a ideia de "natureza morta" (PhK § 87, 542-8), julgando-a melhor para a descrição natural e ilustração científica que como bela arte, pois "a arte plástica tem, sobretudo, que apresentar o objeto não em sua verdade empírica, mas em sua verdade absoluta, livre das condições do tempo, em seu em-si" (PhK § 87, 527).

Contra a imitação de uma natureza inerte

Há muitas teorias sobre a arte, mas poucas se dirigiram à sua fonte primordial, e os artistas guiados pela máxima de imitação não conseguiram atingir um conceito de essência da natureza. Tal como os produtos orgânicos e inorgânicos, a arte plástica expressa uma inteligência operando mediante figuras e formas, consistindo em "poesia muda", um elo entre alma e natureza, mediante o qual o gênio desenvolve a produtividade desta (ÜdV 291 ss.).

Não se busca, para Schelling, uma obra de arte realista ou verídica, mas uma apresentação do ideal, para tornar apreensível o objetivo em uma forma corpórea, e a imitação da natureza na arte não é mera reprodução ou espelhamento repetitivo da natureza, mas transformação dela mediante o impulso da fantasia (BEIERWALTES, 1982, 7-8). O pensador propõe uma teoria do belo que surja da filosofia da natureza e una filósofos e artistas (EWN 230), sendo o verdadeiro modelo da arte plástica a própria natureza produtiva, "força primordial do mundo, divina e criadora, engendrando e produzindo de modo ativo todas as coisas a partir de si" (ÜdV 293).

Defende-se o mundo natural não como algo pronto, dado, mas um todo auto-organizador, e o princípio da *mímesis* foi ambíguo por haver muitas concepções de *physis* distintas da presente na física especulativa. Como exemplo, temos (a) um agregado morto ou conjunto de objetos; (b) um simples espaço em que se dispõem as coisas; (c) o solo de onde se extrai bens para subsistência. Tais conceitos são insatisfatórios, não fazendo justiça à *natura naturans*, a qual só é captada pelos artistas, cientistas e filósofos capazes de apreender a plasticidade autopoiética do mundo:

> O que é [...] a perfeição de cada coisa? Não é senão a vida criadora nela [contida], sua força de persistir na existência. Aquele que representa a natureza em geral como algo morto, portanto, jamais conseguirá o processo profundo, análogo ao [processo] químico, por meio do qual emerge o puro ouro da Beleza e da Verdade, como que depurado pelo fogo (ÜdV 294).

O gênio consegue se elevar a essa concepção de natureza, ao contrário do cientista e dos filósofos modernos, os quais seguem os três conceitos de natureza criticados, tratando o *cosmos* como algo morto, segundo Johann G. Hamann (1730-1788)[1], conhecido como "Mago do Norte". Esse contemporâneo de Kant menciona a *mímesis* como princípio de todas as belas-artes; julgando o conceito tão importante quanto os temas do melhor dos mundos e da Teodiceia (algo significativo, uma vez que se trata de um filósofo cristão e leitor de Leibniz). Ele aponta duas vias do tema da imitação: mimetizar os antigos ou emular a natureza, tomando partido pela segunda opção, uma vez que estudar os clássicos sem compreender a *physis* é como ler as notas de rodapé sem se ler o texto (KhB 120).

O ser humano não depende do mundo exterior apenas para autoconhecimento, mas para a própria criatividade artística (FLAHERTY, 1979, 78 s.), sendo a natureza um material do espírito belo, criador e imitador (An 203). Com um viés anticartesiano e antinewtoniano, Hamann aponta que cientistas, ao dissecarem e desmembrarem os órgãos dos sentidos, não se mostram aptos a perceber os organismos. A filosofia moderna, por sua vez, retirou a *physis* do caminho e só exige que ela seja imitada para que se possa "assassiná-la" mais uma vez, reproduzindo algo já morto em pinturas ou poemas (An 188 s.).

Esse movimento de abstração da natureza, conferindo-lhe pouca dignidade e relevância, é ainda mais negativo que seu desmembramento (An 189 s.), e Schelling, aludindo a Hamann em *Sobre a relação entre as artes plásticas e a natureza*, denominará esse procedimento "aniquilação da natureza" (VM 273 ss.), ou seja, limitá-la a uma relação com a mente, a simples qualidades, limitações e afecções. A concepção segundo a qual um declínio nas artes é reflexo de uma postura dominante sobre mundo natural foi herança do "Mago do Norte" (ÜdV 293, 400-403).

O idealismo subjetivo da modernidade nega a realidade objetiva e o valor intrínseco da natureza, restrita a um produto do eu, a uma coisa de pensamento a ser posta pelo sujeito pensante quando ele necessita. A aniquilação da natureza tem como raiz o ato de elevar

---

1. Sobre Hamann, cf. DISSELHOFF (1871) e FLAHERTY (1979).

a epistemologia acima de outros campos da filosofia, como a ontologia, a ética e a estética (MATTHEWS, 2011, 2 s.), sendo a *physis* relevante apenas em discussões epistemológicas ou para atender a projetos éticos.

Nesse contexto, a valorização do idealismo objetivo é significativa, pois esse tipo de filosofia propõe uma unidade entre sujeito e objeto, sendo o conhecimento do mundo um saber sobre si mesmo, reconhecendo-se inteligência e cognoscibilidade também no mundo natural. Críticas a filosofias que desvalorizaram o meio ambiente incidem em particular sobre os projetos fundacionistas modernos, bem como o ideal de domínio da natureza subjacente a eles, como em Bacon e Descartes. Além destes, pensadores criticados nesse sentido são Fichte e Kant, para quem o ser humano é verdadeiro fim da natureza, privilegiado sobre os outros animais, simples meios para sua nutrição e sobrevivência (MAdM 114).

No idealismo subjetivo de Kant, o não-humano é afinalístico e desprovido de inteligência (KU § 61, 359), sendo a teleologia reduzida ao subjetivo, a uma mera interpretação do eu[2]. No idealismo objetivo de Schelling, por sua vez, a natureza não é só animada em sua forma orgânica, mas é espírito em progressiva tomada de consciência de si. A *physis* é, nessa concepção, imagem do absoluto, em que o Bem, o Belo e o Verdadeiro convergem, havendo papel especial para o ser humano como ponto culminante e também imagem do absoluto, mas não de um todo que ele mesmo constrói (HÖSLE, 1991, 56).

A busca de uma filosofia anticartesiana que contrapõe de modo dialético a natureza à subjetividade liga-se ao retorno à física antiga, em especial à teleologia aristotélica (Leibniz, Schelling e Hegel). Em geral, os críticos mais significativos da modernidade, entre os quais Schelling

---

2. FREITAS (2013, 37) aponta, no entanto, elementos na filosofia kantiana que permitiriam um diálogo com o pensamento ecológico: a relação prática com a natureza; o belo natural da terceira *Crítica*; e a "técnica da natureza", conceito pelo qual se alinham natureza, técnica, beleza e ética. Ele menciona SEEL (1996), cuja obra *Para uma ética da natureza* afirma que o mundo se apresenta ao filósofo com base em uma das experiências mais conhecidas, embora deixada em segundo plano pela estética contemporânea: a beleza natural. Um diálogo com as "estéticas da natureza" ainda há de ser trabalhado nas pesquisas nacionais em estética (FREITAS, 2013, 30).

e Schopenhauer, tinham conhecimento profundo da ciência e da filosofia antiga (HÖSLE, 1991, 55 s.), reconhecendo tanto o dinamismo plasmador da natureza quanto a especificidade de uma consciência capaz de reconhecê-lo:

> O idealismo objetivo [...] sucede em transformar em conceito tanto a verdade do realismo quanto a do idealismo subjetivo. Afinal, se tanto a natureza quanto o espírito subjetivo e intersubjetivo são constituídos por meio de uma esfera ideal, então o espírito será originado por meio da natureza no quadro conceitual de tal sistema; com isso, os *insights* realistas são preservados. Ao mesmo tempo, todavia, explica-se por que o espírito finito, por meio de seu pensamento apriorístico, com o qual ele captura estruturas ideais, pode se aproximar da natureza – pois a natureza é determinada ontologicamente por essa estrutura ideal. Ela não vai se impor a partir do sujeito, mas constituirá sua essência (HÖSLE, 1991, 47).

Desse modo, o idealismo objetivo supera a unilateralidade tanto do realismo quanto do idealismo subjetivo, combinando elementos positivos das duas abordagens, e mantendo uma ideia de contínuo entre natureza e espírito, vendo a diferença entre os dois mais como questão gradativa que uma ruptura abrupta. Esse tipo de raciocínio é inspirado em Schelling, que conseguiu distanciar-se do subjetivismo moderno por meio de sua filosofia da natureza e filosofia da identidade, o que conduz a outro ponto relevante nos debates ecológicos: o dualismo (MATTHEWS, 2011, 1)[3].

O mundo moderno é o das contradições, diferente do antigo, o da unificação, sendo o dualismo típico daquele (VM 272 s.). Após Descartes, foram raras exceções modernas a essa forma de pensamento, como Spinoza. A filosofia crítica de Kant e a doutrina da ciência de Fichte mantiveram tal mentalidade (ainda que Fichte faça um esforço de conciliar pensamento e ação, teoria e prática) e aprofundaram o foco no sujeito. No pensamento fichtiano, mesmo o ato de pôr algo fora do eu está a serviço do sujeito, no movimento de aniquilação da natureza

---

[3]. O pensamento dual se originou, para Schelling, no zoroastrismo e em sua oposição do deus da luz, Ohrzmad, ao deus das trevas, Ahriman (AEN 195 ss.).

(VM 273 ss.). Não sem motivo, Schelling desenvolve sua metafísica como um monismo inspirado em Spinoza, de modo a evitar uma física especulativa de cunho dual.

A filosofia da natureza foi vista como elemento de crítica à modernidade e ao antropocentrismo. Todavia, há também limites na dimensão ecológica desse pensamento, ao conceber os animais como objetos desprovidos de eu (EE 197). Em uma passagem dos *Aforismos para introdução à filosofia da natureza*, reconhece-se o agir dos animais como "completamente cego", não pensando neles como agentes, mas como seres nos quais um fundamento objetivo atua. Ainda que haja engenhosidade nas ações dos animais (destacando-se as oriundas do impulso formativo), tais atividades são comparadas com de "constantes sonâmbulos" (AEN § 72, 156), incapazes de agir por conta própria.

Apesar de criticar a ideia de animais serem máquinas, Schelling afirma o antropocentrismo por meio da diferença entre humano, elevado pela consciência de si, liberdade e intuição intelectual, em contraste com o animal, regido somente por impulsos e forças naturais (SHAW, 2016, 79-89). No *Sistema do todo da filosofia*, há considerações sobre o organismo humano, cuja imagem deve ser construída por uma ciência diferente da antropologia e da filosofia, uma *antroposofia* (SdgP § 259, 488). O ser humano é apontado como "conclusão da natureza" (*Schluss der Natur*), como síntese entre animal e vegetal, ainda distinto de ambos. O ser humano tem a postura ereta em comum com o vegetal, ao passo que o desprendimento em relação ao solo é semelhante aos animais, com o que o ser humano consegue tanto um olhar para o alto quanto o deslocamento livre, sendo superior aos demais animais, um "Deus visível" que consegue ocupar distância e proximidade, transformado e transformador de tudo, como a própria natureza (SdgP § 259, 488).

Uma consequência dessa visão é privar os animais de um estatuto ético, uma vez que as éticas do idealismo alemão são éticas voltadas para seres racionais e responsáveis por seus atos. Um ponto crucial nas discussões sobre ecologia é pensar não só o lugar do ser humano no cosmos, mas o estatuto ético e cognitivo dos seres não-humanos.

[...] o homem é, como foi dito, de um lado originado da natureza e, nessa medida, uma parte dela; de outro lado, como único capaz do discernimento acerca do princípio da natureza e de si mesmo, definitivamente algo que transcende a natureza, de fato, o outro dela. Exatamente essa ambivalência do homem me parece o enigma principal em toda teoria das relações entre a natureza e o homem (HÖSLE, 1991, 48).

Tal ambivalência é mantida em Schelling, e consiste em um aspecto de tensão no diálogo entre filosofia e ecologia, apontando a relevância da antropologia filosófica como mediadora. Apesar dos limites, a física especulativa alimenta reflexões de cunho ecológico[4], e a própria estética, influenciada por Hamann no que tange à *mímesis*, conduz a repensar as relações entre imitação, arte e ecologia. Em termos de crise ecológica, há a possibilidade de que chegue um momento na história em que pinturas da natureza estejam entre as únicas formas de ver espécies já extintas ou determinados tipos de paisagem que poderão cessar de existir, por exemplo, certas formas de vegetação, sendo testemunhos de espécies perdidas.

2. A questão da *mímesis* em August Schlegel, Winckelmann e Plotino

Além de Hamann, há outras influências na concepção schellinguiana de *mímesis* aqui apresentada. Kant, embora mais conservador nesse ponto, afirma na *Antropologia de um ponto de vista pragmático* que o poeta, assim como todo gênio, precisa ter nascido para a arte, não podendo chegar a ela apenas por disciplina e imitação, sendo também necessário um humor propício que o atinge em momentos de inspiração. O que é feito apenas segundo preceitos e regras é mecânico, sem espírito, de modo que "o pintor da natureza, com o pincel ou com a pena [...] não é o belo espírito, pois ele apenas imita; apenas o pintor de ideias é o mestre da bela arte" (Anth 248).

---

4. Cf. CHO (2008, 188-197); VIEIRA (2007, 51-52); WIRTH (2013b, 13).

August Schlegel e Schelling liam um ao outro, trocavam cartas e compartilhavam ideias, havendo inspiração recíproca. No contexto da *Doutrina da arte*, o tema da *mímesis* é introduzido pelo romântico em discussão crítica contra interpretações deturpadoras da *Poética* de Aristóteles (KL 36), que ampliou o conceito platônico e interpretou como artes imitativas não apenas a poesia e a pintura, mas a música e a dança (KL 44).

O princípio aristotélico segundo o qual as artes livres são miméticas é distinto do princípio dos modernos segundo o qual elas devem emular a natureza: belas-artes podem não envolver imitação, como a oratória e a arquitetura, que não copiam nada, para Schlegel. Quando há *mímesis*, a obra envolve uma transfiguração do imitado segundo leis de nosso intelecto, mediante fantasia (KL 44; 94).

A discussão sobre qual conceito de *physis* está em jogo nas concepções de *mímesis* já se encontra em August Schlegel, para quem, se a natureza é tida por algo dado e inerte, trata-se de um ponto de vista passivo de imitação como um simples repetir, de modo que a arte seria improdutiva. Um segundo exemplar totalmente semelhante à natureza não nos acrescentaria nada, pois se trataria de um objeto sem uma dimensão espiritual acrescentada ao natural (KL 94).

Agora, caso se queira ampliar a palavra "natureza" como essência do mundo, a arte deve buscar, sem dúvida, seus objetos no âmbito da natureza, já que não há nada fora ou além dela. Segundo esse ponto de vista próximo do panenteísmo de Schelling, tudo remete à natureza e tudo procede dela, notando-se consequências estéticas do panenteísmo (KL 100).

Quando se afirma que o gênio deve estudar a natureza e tê-la diante dos olhos de modo permanente, trata-se de máximas válidas, todavia referentes a objetos externos, o que conduziu a uma concepção errônea pela qual o espírito do artista não consegue se elevar à natureza, que permanece isolada como um modelo insuperável. Muitos gênios pensaram assim, não reconhecendo que o objeto já é transformado por ser parte de sua representação, só havendo exterior em interação com o intelecto do indivíduo. Por meio da mera emulação, a cópia seria sempre aquém da natureza, devendo a arte ser outra coisa, uma recriação

(KL 101). Algo que parece escapar aos olhos de Schelling é precisamente esse ponto notado por Schlegel: não há retratação da natureza sem a transformação dela, sendo uma *mímesis* extremamente fidedigna algo inalcançável, pois o intelecto do artista sempre interfere como instância mediadora.

A força plasmadora da natureza também está presente em nós. O mundo físico é organizado e dotado de inteligência, e só conhecemos tal complexidade por meio da especulação. Se adotarmos a visão de Schelling, diz Schlegel, e aceitarmos a natureza não como mero amontoado de produtos, mas ela mesma como produtora, o termo "imitação" também passa a ter valor mais elevado, que não significa emular de modo externo, mas se apropriar das máximas de seu agir, podendo de fato se dizer que a arte deve copiar a natureza, ou seja, configurar obras vivas de maneira autônoma, criativa e organizada, formando obras ativas por conta própria (KL 102).

Uma diferença entre Schelling e Schlegel é o peso atribuído à física especulativa em sua ideia de *mímesis*, bem como a dimensão antiantropocêntrica elucidada a partir de Hamann. O tipo de arte considerada mimética também difere entre os dois filósofos, de modo que música e arquitetura são miméticas para Schelling, ao passo que para Schlegel não. O dinamismo plasmador da obra de arte como o que permite reconfigurar as obras é a inovação em meio aos recorrentes debates acerca da imitação artística em sua época, e também distinguirá sua estética de outras grandes influências, Winckelmann e Plotino.

Winckelmann, fonte recorrente de Schelling, foi um crítico da emulação da natureza, mas propôs um ideal vazio, o da imitação dos antigos, desprovida do espírito dos gregos, como se fosse Arte sem Poesia, atividade consciente sem ação aconsciente, o que acaba resultando em produtos mecânicos, sem inspiração (ÜdV 328).

Winckelmann (1756, 1-3) apresenta uma tese etnocêntrica segundo a qual o bom gosto seria uma invenção helênica, favorecida pelo próprio clima da Grécia e, nessa via, o caminho para obras excelentes é a imitação dos Antigos, em particular os gregos, processo que envolve familiaridade com eles, tal como Michelangelo e Rafael tiveram. Bernini, ao contrário, dedicou-se muito ao estudo da natureza e pouco à antiguidade, o que teria comprometido a qualidade de seu trabalho. O contorno, traço distintivo da arte antiga, não é atingível mediante imitação da natureza, tendo os gregos ajustado essa técnica a cada figura, mesmo quando se trata de figura humana coberta com roupas. Eufránor teria sido o primeiro a dominar esse recurso, ao passo que, entre os modernos, nem Rubens conseguiu a precisão ou elegância no contorno, tendo apenas Michelangelo atingido a excelência dos antigos, ainda que apenas em figuras musculares masculinas (WINCKELMANN, 1756, 16-17).

A imitação do belo na natureza ou é direcionada a um padrão individual, como na cópia ou no desenho de um retrato, nas pinturas holandesas, ou coleciona observações sobre distintos padrões e os compõe em um, caso em que se trata do belo universal, a via dos gregos. Os cânones desenvolvidos pelos gregos resultaram da formação de conceitos estéticos gerais, tanto em relação às partes quanto ao todo, que se eleva além da própria natureza (beleza sensível) rumo ao ideal (beleza divina), base dos deuses e personagens heroicos (WINCKELMANN, 1756, 9-14).

A elevação da natureza para além dos sentidos desperta o gênio do artista, e ele aprenderá a desenhar com confiança, vendo os limites fixos da beleza divina e humana, diferente do artista moderno, que segue o caminho mais seguro da imitação do mundo natural, mediada pelas ideias de todo. O conhecedor das obras gregas, no entanto, não encontra em suas obras-primas apenas a natureza, mas algo além dela: belezas ideais, como Proclo ensina, imagens geradas no intelecto humano. Ao comparar as belezas da *physis* com o Belo ideal, o artista forma regras para si mesmo, a partir das quais pode, de fato, imitar o *cosmos*, mas reinventando-o (WINCKELMANN, 1756, 4; 14-15).

Diferenças entre Schelling e Winckelmann podem ser apontadas: aquele enfatizará o papel da materialidade da obra de arte plástica, não adotando uma via tão idealista quanto a dos neoplatônicos e de Winckelmann, mesclando ideal e real, platonismo e naturalismo (de modo bem consequente em relação a sua filosofia da identidade), em um ponto no qual sua relação com o neoplatonismo começa a se mostrar ambígua e o distanciamento dessa tradição começa a se acentuar.

O pensamento antigo já abre espaço para o reconhecimento do artista não só como imitador, mas como o êmulo da natureza que a corrige com poder criador e certa independência dela (PANOFSKY, 1994, 20). É notável a influência de Proclo e de Plotino, bem como do próprio Platão, em Schelling, tal como testemunham seus estudos sobre o *Timeu* e o *Filebo,* ou o fato de uma de suas obras de filosofia da natureza se chamar *Sobre a Alma do Mundo* (1798). Beierwaltes (2001, 182) aponta proximidade – não obstante o distanciamento cronológico – entre neoplatonismo e idealismo alemão, em especial para as afinidades ou analogias das formas de pensamento e conteúdos entre as filosofias de Schelling e de Hegel de um lado, e as de Plotino e de Proclo, de outro[5]. Além disso, teoremas neoplatônicos chegaram de maneira indireta aos idealistas alemães via recepção do Pseudo-Dionísio, de João Scotus Eurigena, Jakob Böhme e Giordano Bruno.

Fontes do conhecimento schellinguiano de neoplatonismo são tanto histórias da filosofia (Johann Jakob Brucker; Dietrich Tiedemann, Wilhelm Gottlieb Tennemann) quanto o contato direto com textos de Plotino e Proclo, como a tradução latina das *Enéadas* por Marsilio Ficino; ou a alemã de Carl Hieronymus Windischmann, de 1805. Também é de se mencionar as traduções de Friedrich Creuzer e Goethe, que presentearam Schelling, respectivamente, com uma tradução do tratado III, 8 [30] ("A natureza, a contemplação e o um") por Creuzer (BEIERWALTES, 2001, 185); e do tratado V, 8 [31] ("Sobre a beleza do intelecto") por Goethe (OTABE, 2009, 62).

Há certa afinidade entre Schelling e Plotino em aspectos teóricos essenciais, por exemplo: ambos os filósofos apresentam a natureza como algo que não pode ser representado sem o intelecto. Schelling é devedor da tradição platônica não só em sua metafísica, mas também em sua estética, algo menos notado e que foi menos objeto dos debates até

---

5. SCHUBACK (2005, 74) apresenta um contraponto cauteloso em relação à influência do neoplatonismo em Schelling. A comentadora critica a ideia de microcosmos da filosofia da natureza aplicada à filosofia da arte, afirmando aqui se referir a uma questão distinta, da ordem da simultaneidade, não se tratando tanto da reprodução de um modelo. Desse modo, embora o neoplatonismo seja uma fonte para Schelling, há de se ter moderação no reconhecimento da inspiração plotiniana no filósofo.

o presente. As diferenças, todavia, são dignas de nota, pois o esquema processual de Plotino, chamado de modo errôneo (inclusive pelo próprio filósofo alemão) de "emanacionista", difere do esquema schellinguiano, em que natureza se desdobra em espírito, ambos remetendo a uma identidade original. Na crítica de Schelling à "emanação", enfatiza-se que não há uma "perda de ser" do espírito em relação à natureza (BEIERWALTES, 2000, 414), dada a valorização da matéria por Schelling (ao passo que, para Plotino [EN I, 8; II, 4], a matéria é a origem do mal por ser pura indeterminação)[6]. Emanação (ou mais precisamente, processão) é uma teoria valorizada por conceber Deus como fundamento das coisas, mas errônea por considerar o finito separadamente do infinito, sendo o absoluto não um todo fechado em si, mas essência originária propagada por sucessivas emanações, perdendo-se gradativamente em esferas inferiores do ser, sendo ponto de maior perda a matéria, privação do ser (AEN 191-194; PhuR 37-38). Esse ponto repercute nas concepções estéticas de ambos filósofos, como veremos na seção seguinte, de modo que Schelling valoriza o aspecto material da arte plástica mais que Plotino.

O conceito da natureza é usado como premissa da concepção de Schelling da arte como "imitação da natureza" (BEIERWALTES, 2000, 413), de modo compatível, até certo ponto, com a concepção de *mímesis* artística em Plotino, presente no tratado V, 8 [31][7].

Plotino e Schelling articulam, cada um a seu modo, metafísica e estética, com o acréscimo de que este se baseia, em grande medida, em

---

6. A referência clássica sobre o tema é O'BRIEN (1996).
7. Plotino mudou a posição em relação a esse problema ao longo das *Enéadas*. O filósofo critica a arte como inferior à alma e mera cópia que produz brinquedos, coisas sem valor (EN IV, 3). Em outro momento (EN V, 9, 11), aponta como artes miméticas pintura, escultura, dança, pantomima, afirmando que elas têm modelo sensível (forma e movimento), não podendo remeter à esfera superior do intelecto e muito menos à do um. O tratado V, 9 (*O princípio do intelecto, as ideias, e o existente autêntico*) é, cronologicamente, o quinto; e o IV, 3 (*Matéria*) é o décimo segundo. O tratado V, 8 (*Sobre a beleza do intelecto*), por sua vez, constitui o trigésimo primeiro, notando-se um amadurecimento das concepções miméticas de Plotino, mudança que envolve um distanciamento em relação à visão platônica clássica sobre o tema presente na *República*. Trata-se de um caso em que Plotino adere mais a Aristóteles que a Platão, tendo em mente que o neoplatonismo é um amálgama da tradição platônica com aristotelismo, ceticismo e estoicismo.

conceitos de sua filosofia da natureza. Há limites a essa aproximação, no entanto, em particular na relação entre obra de arte e matéria. Segundo Plotino, a beleza se destina de modo mais tradicional à visão; mas há também o caso da música, em que melodias e cadências são belas e voltadas ao ouvido. Ademais, mentes erguidas além dos sentidos rumo a uma ordem superior estão cientes da beleza na conduta da vida, nas ações, no caráter, nas buscas do intelecto e nas virtudes, havendo beleza moral (EN I, 6, 1), algo que não encontramos em Schelling. Se falarmos que simetria das partes entre si e em relação ao todo é beleza, significaria que só um composto pode ser belo, nunca algo sem partes. Mas a virtude, por exemplo, é algo sem partes, notando-se que estas têm sua beleza não só em relação ao todo, mas também de maneira separada. Nesse caso, as cores e a luz do Sol, o ouro, a luz das estrelas seriam excluídos do âmbito do belo.

Plotino critica a simetria como critério de beleza, uma vez que há faces belas em alguns casos, e em outros não, mesmo sendo simétricas, e tampouco se encontra simetria na conduta, ou em boas leis, ou em estados mentais e no pensamento abstrato. Todas as virtudes são belezas da alma, e a simetria não faz sentido em relação a elas, de modo que a simetria remete a um princípio superior. A alma, ao ver algo belo, sente deleite por se rememorar do um, e a beleza vem por comunhão com uma forma ideal, sendo o disforme feio, de modo que o material se torna belo ao comunicar um pensamento que emana do divino (EN I, 6, 2).

Uma diferença essencial entre Plotino e Schelling reside no papel reduzido da arte para aquele, havendo belezas mais elevadas e anteriores às artísticas, situadas além dos sentidos, as quais só podem ser apreendidas por quem vê com a alma (EN I, 6, 4), tratando-se da dimensão moral, traduzida como retidão na vida; pureza disciplinada; coragem e modéstia (EN I, 6, 5).

O tratado de Plotino mais famoso sobre a *mímesis* apresenta a beleza do intelecto como tema central, tratando-se de uma das partes do que os intérpretes chamam "*Grossschrift*" (grande escrito) ou "tetralogia antignóstica". Os tratados de Plotino foram compilados segundo tendências da numerologia de seu discípulo Porfírio, de modo que sua publicação mais conhecida não segue a ordem de escrita (embora a ordem cronológica dos tratados tenha sido indicada pelo próprio Porfírio). O caso mais notável da interferência de Porfírio é o de um grande tratado dividido por ele em quatro textos, algo comprovado por Harder e tido como consenso entre estudiosos: (III, 8 [30]; V, 8 [31]; V, 5 [32] e II, 9 [33]): *Sobre a natureza, a contemplação e o um; Acerca da beleza inteligível; Sobre o fato de os inteligíveis não serem externos ao intelecto, e sobre o Bem; Contra os gnósticos* (SOARES, 2003, 111).

A parte desse grande tratado que nos diz respeito é V, 8 [31], *Sobre a beleza do intelecto*, no qual Plotino mostra o percurso contemplativo da alma para atingir a visão do universo, descrevendo a realidade inteligível como uma identidade de ser, pensamento e intelecto, além de essência fundadora da alma. A beleza se liga às três hipóstases, ou aos três níveis de realidade: a alma, o intelecto e o um, não se restringindo ao artístico, de modo que a arte apresenta um estatuto metafísico, sendo importante por ser um modo de reconhecimento da beleza, que aparece na arte por corresponder à forma no intelecto do artista, e não pelo fazer manual, ou seja, o artista traz à visão o belo por ter o conhecimento intelectual da forma, e não por sua habilidade manual (SOARES, 2003, 111 s.).

Plotino nota que a *mímesis* é criticada por ser imitação de objetos naturais, mas rebate essa censura afirmando que a própria natureza emula o intelecto, não sendo mera cópia, remetendo aos princípios racionais dos quais a própria *physis* é originada (EN V, 8, 1; RICH, 1960, 237). Plotino reconhece mérito na *mímesis*, argumentando que Fídias[8] construiu sua estátua de Zeus sem modelo entre as coisas do sentido, mas apreendendo que forma esse deus tomaria caso fosse se tornar manifesto à luz (EN V, 8, 1). Schelling chega a falar do Zeus de Fídias, no contexto da escultura na *Philosophie der Kunst*, alegando haver a ideia de verdade associada à imitação que busca um conceito universal, e não apenas o particular (PhK § 124, 614 s.).

---

8. Fídias é o grande nome da escultura antiga. No texto *O orador*, de Cícero, temos a primeira aparição do argumento da estátua de Zeus por Fídias, bem semelhante ao argumento que Plotino utilizará (PANOFSKY, 1994, 15), e já há a concepção do artista não mais como mero imitador do mundo sensível, mas como aquele cujo intelecto porta a beleza.

Baracat (2013, 58) questiona até que ponto o Zeus de Fídias é, de fato, algo que não copia o modelo sensível, uma vez que tem por modelo a figura humana, o cânone da escultura grega (ARGAN, 2003, 48). A escultura, um caso tão explícito de emulação, é tratada por pensadores como Winckelmann e Schelling como apresentação ideal, e não *mímesis*, mais pela intenção de apresentar os gregos como superiores do que por uma demonstração satisfatória. As esculturas egípcias, por exemplo, apresentam uma atividade criativa ao mesclar formas animais com humanas, mas Schelling simplesmente descarta isso por dar centralidade à figura humana (PhK § 35, 403 s.). Ainda assim, Plotino e Schelling defendem que a escultura não copia a natureza, mas a remete de volta a seus princípios (OTABE, 2009, 56).

A elevação da arte acima da natureza exige distanciamento do modelo a ser copiado, tendo em si não um modelo empírico, mas a legalidade que subjaz à natureza durante a produção, o arquétipo só apreensível com o puro entendimento (PhK § 124, 609-614), ponto em que tanto Plotino quanto Schelling se distanciam da visão platônica sobre a arte como "cópia da cópia" na *República X*, e é um dos raros pontos em que o filósofo egípcio se distancia de Platão, legitimando a *mímesis* como categoria estética adequada. Plotino concilia a elevação rumo ao um com a valorização aristotélica da *mímesis*, que aponta para o universal e não para o singular, segundo o estagirita (BEIERWALTES, 2000, 426).

O filósofo neoplatônico aponta a arte no intelecto do artista como mais bela que a encontrada em um objeto exterior e, quanto mais a beleza se mescla com a matéria, mais inferior em relação à fonte da beleza, o um, mantendo uma noção recorrente no mundo antigo segundo a qual produtor é melhor que o criado. Essa divergência nos remete a um ponto clássico em história da arte em diálogo com filosofia: o problema do "Rafael sem mãos", em que uma divergência entre o neoplatônico e o idealista alemão fica evidente.

3. Schelling e Plotino diante do "Rafael sem mãos"

Nos pensadores da seção anterior, encontra-se o que Panofsky denomina oposição entre arte mimética e arte heurística, ou *mímesis versus heurésis*, imitação contra invenção, embora ele mostre pessimismo em relação à ideia de *heurésis* no âmbito da filosofia antiga, tendo por base o tema clássico do "Rafael privado de mãos": os pensamentos de Rafael sobre belas obras têm mais valor que a pintura do pintor renascentista? Do ponto de vista da imitação, as obras de arte são cópias e, do ponto de vista da invenção, alusões a uma natureza inteligível que não é realizada, nem realizável nas obras. Nos dois casos, aponta Panofsky (1994, 32), a obra de arte é desvalorizada, e o ponto culminante disso é Plotino.

Para elucidar a contemplação da beleza do intelecto, Plotino sugere que se imaginem duas pedras: uma natural, sem arte, e outra transformada em arte, seja a estátua de um deus, seja a de um ser humano. A beleza dotada de forma pela arte aparecerá como tal não por ser pedra, como a outra, mas pela forma no intelecto do artista a ser recebida pela arte (EN V, 8, 1). A matéria, portanto, não tinha essa forma, mas esta estava na mente do artista, já antes de atingir a pedra. A ideia da pedra apresenta de modo mais puro a beleza no intelecto do artista que a rocha trabalhada na obra concreta, sendo esta inferior pela mescla com a pedra, de modo que o belo artístico é derivado do intelectual (EN V, 8, 1).

A beleza de Afrodite, por exemplo, é oriunda do intelecto, não estando na extensão e na massa, mas no princípio racional a ela subjacente (EN V, 8, 2). O princípio racional da natureza é modelo da beleza física, mas o modelo da alma é mais belo que o da natureza (EN V, 8, 3). O belo apresentado em uma estátua de Afrodite é comunicado do intelecto ao artefato por meio do produtor e, se a extensão material fosse ela própria o fundamento da beleza, então o princípio criador, sem extensão, não seria belo (EN V, 8, 2). Em outro tratado, há um exemplo da arquitetura: ao ver diante de si uma casa correspondente ao seu modelo interior de casa, o artista pode dizer que ela é bela, pois compara uma ideia do intelecto ao individual exibido no múltiplo, no diverso (EN I, 6, 3).

Como visto no texto plotiniano, a contemplação da beleza do intelecto leva sempre para além das obras de arte e a beleza moral é superior à artística, de modo que mesmo o viés desse filósofo, geralmente considerado uma figura importante na valorização da *mímesis*, reduz o valor da arte diante de outras formas de belo (PANOFSKY, 1994, 32 s.).

O tema do "Rafael sem mãos" corresponde ao ideal do artista neoplatônico baseado na forma interior, de modo que na mescla com a matéria, a forma perde em beleza. Otabe (2009, 58-59) faz objeção a esse ponto, afirmando que considerar a obra sem levar em conta o tipo de material, como no caso da arquitetura, é impossível, não havendo radical separação entre forma interior e matéria, havendo um condicionamento recíproco; o que nos lembra de Schlegel (KL 122) e seu reconhecimento do papel da gravidade na arquitetura, não podendo haver determinadas combinações de materiais ou tamanhos de edifícios se isso reduz ou elimina a solidez do edifício. Não existe uma forma artística que já não envolva algo de empírico, pois já se parte de noções da experiência como peso, cor, materiais a ser empregados.

O conceito de matéria nos fornece elementos para uma resposta ao problema do "Rafael sem mãos". Os objetos artísticos não devem ser considerados a partir da forma "vazia e abstrata", caso em que não teriam nada a nos dizer, devendo-se integrar a forma à materialidade (ÜdV 294), de modo análogo ao que vimos na física especulativa, segundo a qual a produtividade natural só é apreensível por uma desaceleração em produtos. Enformar o material é torná-lo acessível à contemplação humana, de modo que não haveria belo em uma obra puramente intelectual, arquétipo sem reflexo, sendo a estética plotiniana, nessa visão, unilateral, prezando o subjetivo e intelectual em detrimento do objetivo e material. Schelling afirma, em outro texto, que o infinito não é ausência de forma, mas o que se limita em si mesmo, o concluído e consumado por si (AEN § 17, 143), sendo fundamental essa informação para uma obra de arte plástica ser bela.

Para Schelling, houve artistas que pregaram o retorno à materialidade por meio da imitação da natureza, postura igualmente unilateral e contraparte de Plotino, igualmente unilateral, mas focada no polo do objetivo e material, em detrimento do subjetivo e do espiritual. Outros, fixados na forma, pregaram o ideal da imitação do que já foi formado, por exemplo, Winckelmann (PhK 360; ÜdV 295). O pensamento schellinguiano, por sua vez, não focaliza só o ideal e nem só no real, algo consistente com a filosofia da identidade, que sempre busca um ponto de indiferenciação, evitando a unilateralidade na explicação do mundo, conduzindo a uma apreciação estética em que pesam tanto o real ou reflexo quanto o ideal ou arquétipo.

Quem imita a natureza sem se conectar com ela não consegue distinguir, nela, o belo do feio, resultando na apropriação, pelos imitadores, das falhas ao invés dos méritos, pois as falhas são mais fáceis de se apreender. Isso se reflete no fato de que o feio foi reproduzido pelos emuladores da natureza, inclusive com mais paixão, que o belo. Para considerarmos as coisas com base em sua essência, não a partir da forma "vazia e abstrata", devemos aplicar-lhes nosso ânimo e espírito, para ver seu outro aspecto: a ideia ou o arquétipo (ÜdV 294), notando-se a preservação das linhas gerais da estética da *Filosofia da arte*.

Para abordar a natureza de modo a atingir sua essência, deve-se ultrapassar a forma, de modo a apreendê-la como algo inteligível e vívido, após retornar a ela. A forma sem seu princípio só apresenta propriedades não essenciais, como extensão, ao passo que a essência organiza a contiguidade e vivifica a multiplicidade de partes (ÜdV 298), consistindo na integração do material com a forma. A alma do artista permite-lhe corporificar conceitos da mente divina com ajuda da força da natureza, sendo as obras de arte reflexos dos modelos oriundos da imaginação de Deus (ÜdV 300), o que nos remete ao § 21 da *Filosofia da arte*, em que ele é mencionado como causa imediata da obra de arte. Um afastamento da natureza só é aceito por Schelling se for para elevar a natureza como produtividade e captá-la de modo simbólico, como universal no particular e particular no universal. A natureza como produtividade está além da forma, por ser fonte das formas e permitir sua transgressão.

Imitar a natureza seria, nessa via, emular a forma como ela produz, apreendendo sua diferenciação interior, e não copiando formas ou obras naturais que já existem ou já existiram. Uma obra bela torna visível o transbordamento ontológico da natureza (SCHUBACK, 2013, 311). A criação é mimética, apenas no sentido de que torna visível o espaço vivo entre arte e natureza, ou entre natureza e consciência. Tornar visível tal espaço define a plasticidade da criação, podendo ser pensado como o gesto que institui as artes plásticas (SCHUBACK, 2013, 315), captando o excesso da natureza em sua produtividade e representando seu transbordamento em objetos estéticos, conferindo forma ao aparentemente amorfo.

Muitas vezes, tentou-se esclarecer a posição do artista em relação à natureza mediante a máxima de acordo com a qual a arte, para o ser, deveria se distanciar da natureza, e apenas retornar a ela em sua perfeição última. "Ele [o artista] deve, portanto, distanciar-se do produto ou da criatura, mas apenas para se elevar à força criadora e apreendê-la espiritualmente" (ÜdV 301). Assim, eleva-se ao âmbito dos conceitos puros, deixando a criatura, para voltar com ganhos, retornando à natureza. A exigência de "idealização da natureza na arte" parece partir de um modo de pensar segundo o qual "[...] não a Verdade, Beleza e o Bem, mas o oposto de tudo isso é efetivo" (ÜdV 302). Se o efetivo fosse oposto, de fato, à Verdade e à Beleza, o artista não precisaria se elevar ou idealizá-lo para atingir a beleza, mas, ao contrário, deveria negá-lo e suprimi-lo para criar algo belo e verdadeiro.

Apresentamos as principais influências no conceito schellinguiano de imitação artística e como o tema é abordado ao longo da obra do filósofo. É significativo que, à medida que vai se distanciando do neoplatonismo na fase intermediária e tardia de seu pensamento, o filósofo não escreve mais sobre estética, sendo o último texto significativo sobre questões de arte *Sobre a relação entre as artes plásticas e a natureza*. No material posterior, o tema praticamente desaparece – e quando surge, é de modo periférico. Antes da conclusão, apontaremos elementos para um diálogo entre a estética trabalhada nesta obra e a pintura abstrata.

4. "A arte não reproduz o visível, mas torna visível": paralelos com Kandinsky e Klee

Beierwaltes notou (2000, 431; 1982, 9), junto a outros intérpretes (FRANK, 1989; LEYTE, 2005; SCHUBACK, 2013), que a articulação entre natureza e arte proposta por Schelling encontra afinidades em textos de pintores abstratos do século XX, a saber: Wassily Kandinsky e Paul Klee. Apresentamos elementos para essa afinidade (ASSUMPÇÃO, 2017a) e reformulamos essa apresentação para concluir o capítulo final da obra.

Embora Klee (1973c, 3; 1973d, 16) tenha certa afinidade com uma tradição platônico-pitagórica e Kandinsky (1912, 25) assuma afinidade com a teosofia, não há evidências textuais de uma leitura de Schelling pelos dois pintores. Não obstante, comentadores mencionados acima perceberam semelhanças entre teses da pintura abstrata e concepções de Schelling, de modo que, para Klee e Kandinsky, a imitação não realista da natureza se converte em reconstrução estética das leis internas da natureza, ao invés de representação do visível (SCHUBACK, 2013, 308 s.).

A escolha da pintura abstrata para o diálogo com Schelling tem como base o exame de literatura secundária e também os próprios escritos de Kandinsky e Klee, nos quais há reflexões sobre as relações entre natureza e arte. Um traço fundamental da arte moderna consiste na sua relação com a natureza (BEIERWALTES, 2000, 431), e Kandinsky (1912, 3-6) se mostra, em *Über das Geistige in der Kunst* (1912), um crítico da imitação na arte, seja da natureza, seja dos antigos, afirmando que o espectador de sua época buscava, nas obras de arte, mera imitação da natureza para fins práticos, como retratos. Imitar os antigos seria ilusório, pois cada período de arte produz uma arte própria, que nunca poderá ser repetida e, nesse sentido, um esforço para reanimar princípios da arte passados é limitado, pois é impossível nos sentirmos como os gregos antigos e termos uma vida interior como a deles[9]. Essa crítica se aproxima da visão de Schelling (ÜdV 295 ss.) e pode ser aplicada à visão de Winckelmann acerca da imitação dos antigos.

A arte é apresentada como desenvolvimento interior do humano na busca da felicidade, notando-se um projeto ético no pensamento do

---

9. FLORMAN (2014) observa proximidades entre Kandinsky e Hegel, vendo os escritos daquele como uma resposta às *Preleções sobre estética* deste. BEZERRA (2009, 107), por sua vez, aponta afinidade entre Kandinsky e Goethe.

pintor (KANDINSKY, 2003, 221), algo que encontra ressonâncias no movimento *De Stijl*. O interior ou invisível é o trabalhado pela arte abstrata, abandonando-se a representação do mundo exterior, com foco na interioridade e nas emoções (HENRI, 2012, 17-32), algo que diferencia um pouco o pensamento de Kandinsky da reflexão de Schelling.

Apesar da concepção comum na época de Kandinsky segundo a qual a arte abstrata rejeitaria a natureza, o pintor nega não haver relação próxima entre arte abstrata e natureza: "A pintura abstrata abandona a pele da natureza, mas não suas leis", as leis cósmicas (KANDINSKY, 1955b, 203). Em termos schellinguianos, ela abandona a *natura naturata*, mas não a *natura naturans*. A principal exigência feita ao desenho é a verdade, que não deve ser entendida como imitação fiel da natureza. O artista que deseja alcançar a verdade deve ir além da superfície da natureza; desvendando seu interior, não mostrando a figura humana individual, mas como é a figura humana na ideia da natureza. O pintor acrescenta que a arte só apresenta valor elevado quando está em ligação direta com as leis cósmicas, sentidas apenas de modo inconsciente caso se aproxime de maneira externa à natureza. Caso se lhe sinta no interior, consegue-se vê-la como um todo (KANDINSKY, 1955b, 203). Kandinsky não entra em detalhes sobre a noção de leis cósmicas, mas sua preocupação não é tanto com rigor conceitual, e sim com a transmissão da experiência do artista e de seu processo criativo.

Há um raciocínio que Kandinsky desmente: apenas a natureza é capaz de fornecer estímulos ao artista e de despertar sua intuição, de modo que o pintor abstrato não se serve da natureza e quer se virar sem ela, com o que a pintura abstrata abandona a intuição do mundo natural (KANDINSKY, 1955a, 178). Ao contrário disso, o artista transforma a natureza, moldando o exterior a partir do interior. Kandinsky afirma que o pintor abstrato, na verdade, recebe seu impulso não de uma parte da natureza (como no caso do naturalista e do realista), mas da natureza como um todo, de suas múltiplas manifestações, somadas e conduzidas à obra pelo artista (KANDINSKY, 1955a, 180).

Um elemento interessante para apreciar a visão de *mímesis* em Kandinsky está na proximidade entre pintura e música apresentada pelo artista: a música ensina muito ao pintor, pois exprime sua vida interior, apresentando fenômenos da natureza subjetiva, meio de expressão da vida do artista (KANDINSKY, 1912, 37), que, para Kandinsky, não vê a imitação artística da natureza como um fim em si, mas busca exprimir seu universo interior. A música, nesse sentido, é algo valioso e invejado pelo pintor, e a pintura deveria analisar as formas da natureza, integrando-as em suas criações, não com fins miméticos, mas com fins pictóricos (KANDINSKY, 1912, 30 s.). Uma consequência disso (e nesse ponto Kandinsky é mais radical na crítica à *mímesis* que Schelling) é que a pintura poderia se emancipar da natureza, tendo antecedentes em artes antigas como a persa, nas quais já se aplicou a subordinação da cor a uma forma geométrica (KANDINSKY, 1912, 97 s.). Antecipando de forma curiosa Mondrian e o movimento *De Stijl*, Kandinsky afirma que, se pudéssemos cortar todos os vínculos com a natureza, nossas obras seriam combinações de cores puras com formas geométricas.

Outras semelhanças dignas de nota entre Schelling e Kandinsky são o espírito "interdisciplinar", ressaltado na visão do pintor segundo a qual arte, ciência, técnica e natureza não devem ser vistos como isolados (KANDINSKY, 2003, 117), e a concepção de que os produtos da natureza têm origens comuns com os produtos humanos. "Tudo está ligado em um processo dinâmico" (KANDINSKY, 2003, 30 s.). A arte nasce de impulso natural (noção bem próxima do impulso formativo) e a dança seria encontrada já em raposas, macacos e cães; a música em pássaros e cavalos; e a arquitetura em castores, formigas e pássaros; já a pintura e escultura carregam algo exclusivamente humano, sendo o peso de impulsos animais consideravelmente menor nesses casos (KANDINSKY, 2003, 113; 213)[10].

De acordo com Argan (1970, 146), dos artistas próximos de Kandinsky, só Paul Klee tinha sua estatura. Foi um pintor suíço cuja concepção de arte é próxima da apresentada por Kandinsky (ARGAN,

---

10. É significativa, nesse contexto, a breve reflexão sobre teleologia desenvolvida por Kandinsky, em que se critica tanto o vitalismo (ontologia encontrada em Schopenhauer, Spengler, Bergson) quanto o mecanicismo (presente nos epicuristas, Descartes e Locke), com defesa do ponto de vista por ele chamado "supranaturalista" (algo próximo de concepções de Schelling, Plotino e Hegel, ou seja, do idealismo objetivo) (KANDINSKY, 2003, 136).

1970, 12 s.; 146). Ele possuía uma coleção de objetos naturais que usava no estudo da natureza, observando a aparência e estrutura dos organismos mais diversos, tendo o pintor comprado ouriços, cavalos do mar, corais e moluscos e também colecionado borboletas, cristais, âmbares, quartzos e mica. O artista interessava-se em estratificação, transparência e mescla de cores (ARGAN, 1973, 24-29), e seu gosto pela pesquisa natural encontra eco na ideia de Schelling, segundo a qual a investigação da natureza permite a apreciação integral da obra de arte e, ao mesmo tempo, o interesse pela natureza leva à arte (PhK 358 s.), o que culmina em figuras como Michelangelo, elogiado pelo filósofo por suas habilidades com desenho e estudos de anatomia (PhK § 87, 530), e também Goethe (AD § 21, 310-311), famoso por seus estudos em botânica, magnetismo e ótica. A meta do ensino de Klee era revelar o elemento doador de vida na criação artística, pelo seu arranjo dinâmico, formulando leis de arte como regras simples, sendo a educação do artista um processo sem fim.

Klee observa que o artista buscava investigar a natureza de modo preciso a um extremo doloroso, o que gerou como que fotos da superfície dos objetos. Klee pensa que, em seu tempo, o artista deve ser uma câmera mais complexa e rica, que não se distancia da natureza de forma radical e se vê dentro desse todo, começando pela contemplação de suas impressões interiores, de modo semelhante a Kandinsky. Para o artista, o diálogo com a natureza permanece uma condição fundamental, uma vez que o artista, como ser humano, é parte da natureza e sujeito a um espaço natural, ainda que as formas como ele se engaja na produção artística e no estudo da natureza possam variar, tanto em número quanto em tipo, de acordo com sua visão acerca da própria posição no espaço natural (KLEE, 1973e, 63).

A liberdade no modo como a natureza produz suas formas é fonte de aprendizado para o artista, produzindo nele a mesma liberdade profunda e lhe permitindo desenvolver o próprio caminho (KLEE, 1973d, 17). Há um impulso interior que leva à produção, tanto em nós quanto na natureza, e o artista inicia emulando a natureza para reconhecer a própria criatividade com base no dinamismo plasmador daquela (KLEE, 1970, 259).

A própria natureza da arte gráfica nos leva à abstração, projetando a imaginação nas formas naturais e as transformando, em uma deformação plástica que mostra a natureza como potência criativa, não mero objeto inerte, de modo que "a arte não reproduz o visível, torna visível" (KLEE, 1973a, 76)[11]. Seguindo um caminho inferior, o artista iria ao reino do estático, produzindo formas estáticas (mímesis inferior), já o caminho mais elevado conduz ao reino do dinâmico, com formas orgânicas (KLEE, 1973g, 66 s.). A pintura abstrata, como observamos, não recusa a natureza, algo que os próprios depoimentos de Klee e Kandinsky deixam claro. O problema não é desvalorizá-la, mas recusar uma apresentação superficial dela.

As reflexões do capítulo nos permitem reconhecer que só uma tradição filosófica que confira valor à *physis* e à possibilidade de um conhecimento não dominador permite uma imitação que respeite a natureza, possibilitando reinventá-la pela via da imaginação, mas em um processo que não a exclui ou subjuga, aprendendo com ela e, nesse ato de aprendizado, proporcione ao espírito um ato criador que, fazendo do ser humano verdadeira *imago dei*, o transporta de criatura natural a criador artístico.

---

11. FRANK (1989, 188) afirma que essa frase de Klee pode ser usada como síntese do romantismo, movimento do qual Schelling era bem próximo e em que foi influente.

Conclusão

Articulamos a teoria estética de Schelling com sua física especulativa e ontologia da identidade, o que permitiu confirmar a tese de que o paralelismo por nós defendido é o mais adequado fio condutor da estética schellinguiana, pois permite examinar a maior abrangência de seus textos estéticos (incluindo *Sobre a relação entre as artes plásticas e a natureza* [1807], e a última das *Preleções sobre o método de ensino acadêmico*, 1803), além de ser coerente com os princípios de sua filosofia da natureza e de sua ontologia. Deslocamos o famoso tema "arte e filosofia", antigo fio condutor mais recorrente nos comentadores de Schelling, para o tema "arte e natureza", dotado de valor heurístico maior.

O recorte temporal de dez anos (1797-1807), período de constante produção intelectual do autor, possibilitou ganhos adicionais, como ver continuidade entre diferentes momentos da obra do filósofo, ajudando a romper com a visão de que seu pensamento é uma sucessão de estágios sem ligação entre si, como ilustrado na menção irônica de

Hegel a Schelling como um "Proteu da filosofia"[1]. Há consistência entre diversos princípios desenvolvidos ao longo dos dez anos investigados: a noção de belo como apresentação do infinito no finito; a construção da matéria e suas etapas; a crítica à *mímesis* como imitação de uma natureza passiva e a proposta de uma imitação capaz de apresentar o absoluto por meio das ideias captando o dinamismo da *physis*; o princípio da natureza como produtividade; a crença de que é possível romper a diferença entre sujeito e objeto; a valorização da natureza e uma ênfase na dependência do ser humano em relação a ela. A ideia de autodeterminação, por exemplo, como nota Ehrhardt (2010), atravessa toda a filosofia de Schelling, estando presente na física especulativa, no sistema da identidade e na estética.

Outro ganho da pesquisa foi ressaltar, na linha de Shaw (2010), Vater (2012) e Whistler (2013), a importância da filosofia da identidade em Schelling, período muitas vezes subestimado por causa das críticas de Hegel. Trata-se de um momento de sua filosofia com intuições sem as quais não se aprende seu pensamento estético em profundidade, notavelmente o papel elevado da imaginação, seguindo a herança da imaginação produtiva de Kant e sua apropriação por Fichte, com a diferença de que o pensador expande esse conceito para além do estético e do epistemológico, conferindo-lhe dimensão metafísica a partir da imaginação divina. Mesmo a filosofia tardia depende de algumas noções dessa época, como a distinção entre símbolo, alegoria e esquema, importante na *Filosofia da mitologia* dos anos 1840 (TORRES FILHO, 2004) e na interpretação alegórica de mitos. Desse modo, para valorizar o pensamento de Schelling, não precisamos recorrer apenas à produção tardia, como se tem feito, mas podemos também ler outros períodos de seu pensamento, sendo a filosofia da identidade ainda um período a ser explorado.

A natureza produtiva plasma a si mesma, dando forma ao fluxo material, e o artista consegue elevar essa transformação a uma potência superior, dada sua capacidade de consciência de si e elaboração espiritual

---

1. Ver uma crítica a essa passagem de Hegel em MATTHEWS (2011, xi).

Conclusão

da matéria, para além da necessidade reprodutiva, como no caso das abelhas, castores e pássaros com seu impulso formativo. Ao mostrar a matéria em uma outra potência, o gênio nos aproxima de contemplar o absoluto, a realidade como ela é: uma *physis* que não produz desenfreadamente, mas faz pausas para deixar testemunhos de sua atividade, suas desacelerações, em um cristalizar-se paralelo à atividade do artista, cujo fluxo imaginativo não é sem rédeas, mas sabe como e quando parar, dando espaço para novas etapas e novas formulações do imaginado. Com essa dinâmica de aceleração, freios e pausas, atribui-se forma ao material, ordem ao caos e limite ao ilimitado.

Como notamos na física especulativa, a analogia que mais faz sentido no horizonte dessa tese é entre natureza e artista, e não entre natureza e arte, sendo a *physis* uma artesã de si mesma, sempre se reinventando e deixando marcas de suas sucessivas mudanças, sem a necessidade de um autor externo a ela, permitindo que se evite o argumento de *design*. O panenteísmo de Schelling sofistica esse ponto, mostrando cristais, gases e organismos como faíscas de um todo maior, do próprio absoluto, respeitando a dialética da identidade em sua integração de particular e universal, apontando o artista como porta-voz de algo maior que ele, ao que nos referimos como despersonalização do artista, em decorrência da natureza e da própria mente divina como criadores artísticos.

O otimismo notado nas teses da filosofia da identidade mostra pontos em que o pensamento estudado parece mais distante de nosso tempo: a ideia de que a arte resolve contradições, a noção de que o universo é belo, bom e verdadeiro, a aposta na integração entre sujeito e objeto e a valorização da racionalidade. A filosofia posterior do próprio Schelling e muitas outras vertentes do pensamento ocidental se mostram bem mais pessimistas quanto a todos os pontos relatados, de modo que a mentalidade ocidental contemporânea está bem mais próxima de pensadores como Schopenhauer e Spengler do que de Schelling em suas primeiras décadas de labor filosófico.

O exame crítico das teses de história da arte feitas pelo pensador nos possibilitou um olhar menos ambicioso sobre as possibilidades de uma filosofia da arte como sistema, e permitiu notar a importância da contingência e da multiplicidade cultural das obras artísticas, sendo difícil lançar sobre elas uma grade conceitual precisa, sugerindo a necessidade de uma teoria mais aberta para as belas-artes do que um grande sistema. Esse choque entre sistema e contingência é um embrião da "filosofia positiva", em oposição à filosofia de sistema, negativa. Na pesquisa, notamos também o posicionamento de Schelling a favor do classicismo, algo curioso quando se leva em conta a tendência de chamá-lo "um romântico". Embora o filósofo tenha convivido com os românticos e desenvolvido com eles relação de mútua influência, não se tratou de uma adesão irrestrita ao Círculo de Jena.

A física especulativa, além de fornecer conceitos para a teoria estética, permite abordar a materialidade das obras de arte de modo inédito na história da filosofia, atentando para como as obras se relacionam com o tempo e o espaço. Além disso, a filosofia da natureza conduz a pensar ecologicamente a estética, tendo em mente que uma imitação da natureza morta é retrato de uma atitude de distanciamento e abstração diante da natureza, denunciando uma postura dominadora em relação a ela. Uma limitação da física especulativa é uma de suas características mais marcantes, o viés antinewtoniano, que acaba subestimando a investigação quantitativa do mundo natural (nota-se isso no fato de que não há teoria elaborada do número em Schelling, salvo raras observações, como em SdgPh § 113, 272-274).

Um ponto adicional, de revisão diante dos intérpretes canônicos como Beierwaltes e Tilliette, é rever a proximidade entre a estética de Schelling e a de Plotino. Embora haja semelhanças, a diferença é notável, particularmente quanto ao estatuto do vínculo entre beleza e matéria, mostrando novamente que o recurso à física especulativa e à ontologia da identidade permite uma compreensão mais profunda e abrangente da estética do filósofo estudado e a delimitação de nuances em relação ao neoplatonismo. A natureza não é imitação de uma ordem superior do ser, como na tradição platônica, mas é o próprio absoluto se particularizando em diversos produtos; e a emulação artística capta a ordem imanente à natureza, e não uma esfera superior do ser.

O diálogo com a pintura abstrata mostra que, apesar da filiação de Schelling ao classicismo, em termos conceituais e especulativos, seu

Conclusão

pensamento vai além de seus gostos e abre a possibilidade de dialogar com um tipo de pintura não figurativa, seja no abstracionismo de Klee e Kandinsky, seja no caso do surrealismo. Dessa forma, os conceitos estéticos abordados na obra são menos datados que a exposição sistemática e a história da arte desenvolvidos na *Filosofia da arte* (1802-1805), sendo ainda atual a concepção de *mímesis* nesta obra e em *Sobre as relações entre as artes plásticas e a natureza* (1807).

A arte, em Schelling, é o único campo não explicável por si mesmo, sendo aberto à figura do artista, extrínseca à obra. Curiosamente, não é autotélica como o absoluto, a natureza e os mitos, havendo na arte uma dimensão de "transcendência", ausente nas outras grandes áreas abordadas pela filosofia da identidade.

A matéria, na arte plástica, torna-se o meio de expressão do absoluto e de intuições humanas fundamentais, comunicando algo que prescinde da linguagem discursiva, podendo mesmo ser anterior a ela. Esse fato corrobora a noção de uma inteligência aconsciente no inorgânico e no vegetal, matéria-prima das obras de arte. A inteligência aconsciente de que a matéria inorgânica e a orgânica são dotadas transmite-se pela matéria-prima das obras e é acrescida da inteligência do artista, conciliadora entre aconsciente e consciência. Acrescentamos à questão da matéria o ato de conferir forma, de impor limites – o pensamento de Schelling, em vários âmbitos, enfatiza a importância da forma, não se tratando de uma estética do potencial ilimitado, de uma potência criativa que não encontra barreiras, mas de uma conciliação entre criatividade e disciplina (herdando a articulação kantiana entre gênio e gosto).

Vimos que Schelling é categórico em considerar a beleza natural inferior à beleza artística, uma vez que aquela opera apenas no registro aconsciente, não sendo mediada pela consciência (Poesia sem Arte, na linguagem técnica do filósofo). Embora isso seja consistente do ponto de vista de seus conceitos, acaba que se perde uma apreciação da natureza do ponto de vista estético, apreciação feita enfaticamente por Kant. A retomada do belo natural em Schopenhauer, nesse ponto, é um ganho em relação a Schelling, e abre ainda mais a perspectiva ecológica do ponto de vista estético (SEEL, 1996).

Ainda há muito a aprender com Schelling, seja sobre a natureza, seja sobre arte e acerca de outros campos (mitologia, ontologia, filosofia da religião), e o incentivo à pesquisa e tradução de sua obra é uma tarefa a continuar, fazendo justiça a um pensamento que nunca cansou de se questionar e se reinventar.

Referências

1. Referências primárias

1.1. Obras consultadas na Historisch-kritische Ausgabe (HkA)

SCHELLING, F. W. J. *Friedrich Wilhelm Joseph Schelling Historisch-kritische Ausgabe*. Stuttgart: Frommann-Holzboog, 1976-2018.

_____. *Allgemeine Übersicht*. Reihe I: Werke 4, 1988, 1-190.

_____. *Ideen zu einer Philosophie der Natur*. Reihe I: Werke 5, 1994.

_____. *Von der Weltseele – Eine Hypothese der höhern Physik zur Erklärung des allgemeinen Organismus*. Reihe I: Werke 6, 2000.

_____. *Erster Entwurf eines Systems der Naturphilosophie*. Reihe I: Werke 7, 2001.

_____. *Allgemeine Deduktion des dynamischen Prozesses oder der Kategorien der Physik*. Reihe I: Werke 8, 2004a, 273-371.

_____. *Einleitung zu seinem Entwurf eines Systems der Naturphilosophie*. Reihe I: Werke 8, 2004b, 1-86.

_____. *System des transscendentalen Idealismus*. Reihe I: Werke 9, Teilband 1, 2005.

_____. *Ein Wort über Naturschönheit*. Reihe II: Nachlass 5, 2016, 226-230.

1.2. Obras consultadas na Sämmtliche Werke (SW)

SCHELLING, F. W. J. Bruno oder über das göttliche und natürliche Princip der Dinge. In: SCHELLING, F. W. J. *Sämmtliche Werke*. Erste Abtheilung. Vierter Band. Stuttgart und Augsburg: Cotta, 1859a, 213-332. Disponível em: <https://ia601600.us.archive.org/3/items/smtlichewerke04p1sche/smtlichewerke04p1sche.pdf>. Acesso em: 11 ago. 2020.

_____. Darstellung meines Systems der Philosophie. In: SCHELLING, F. W. J. *Sämmtliche Werke*. Erste Abtheilung. Vierter Band. Stuttgart und Augsburg: Cotta, 1859b, 105-212. Disponível em: <https://ia601600.us.archive.org/3/items/smtlichewerke04p1sche/smtlichewerke04p1sche.pdf>. Acesso em: 11 ago. 2020.

_____. Fernere Darstellungen aus dem System der Philosophie. In: SCHELLING, F. W. J. *Sämmtliche Werke*. Erste Abtheilung. Vierter Band. Stuttgart und Augsburg: Cotta, 1859c, 333-510. Disponível em: <https://ia601600.us.archive.org/3/items/smtlichewerke04p1sche/smtlichewerke04p1sche.pdf>. Acesso em: 11 ago. 2020.

_____. Philosophie der Kunst. In: SCHELLING, F. W. J. *Sämmtliche Werke*. Erste Abtheilung. Fünfter Band. Stuttgart und Augsburg: Cotta, 1859d, 353-736. Disponível em: <https://archive.org/details/smtlichewerke05p1sche>. Acesso em: 11 ago. 2020.

_____. Philosophie und Religion. In: SCHELLING, F. W. J. *Sämmtliche Werke*. Erste Abtheilung. Vierter Band. Stuttgart und Augsburg: Cotta, 1859e, 11-70. Disponível em: <https://archive.org/details/smtlichewerke06p1sche>. Acesso em: 11 ago. 2020.

_____. System der gesammten Philosophie und der Naturphilosophie insbesondere (Aus dem handschriftlichen Nachlass). In: SCHELLING, F. W. J. *Sämmtliche Werke*. Erste Abtheilung. Vierter Band. Stuttgart und Augsburg: Cotta, 1859f, 657-738. Disponível em: <https://archive.org/details/smtlichewerke06p1sche>. Acesso em: 11 ago. 2020.

_____. Vorlesungen über die Methode des akademischen Studiums. In: SCHELLING, F. W. J. *Sämmtliche Werke*. Erste Abtheilung. Fünfter Band. Stuttgart und Augsburg: Cotta, 1859g, 207-352. Disponível em: <https://archive.org/details/smtlichewerke05p1sche>. Acesso em: 11 ago. 2020.

_____. Aphorismen zur Einleitung in die Naturphilosophie. In: SCHELLING, F. W. J. *Sämmtliche Werke*. Erste Abtheilung. Siebenter Band. Stuttgart und Augsburg: Cotta, 1860a, 140-197. Disponível em: <https://archive.org/details/smtlichewerke07p1sche>. Acesso em: 11 ago. 2020.

_____. Ueber das Verhältnis der bildenden Künste zu der Natur. In: SCHELLING, F. W. J. *Sämmtliche Werke*. Erste Abtheilung. Siebenter Band. Stuttgart und Augsburg: Cotta, 1860b, 289-329. Disponível em: <https://archive.org/details/smtlichewerke07p1sche>. Acesso em: 11 ago. 2020.

1.3. Traduções consultadas de Schelling

SCHELLING, F. W. J. *Filosofia da arte*. Trad. M. Suzuki. São Paulo: Edusp, 2001. (Clássicos, 23).

_____. *Dedução geral do processo dinâmico*. Trad. G. Assumpção. São Paulo: LiberArs, 2018.

1.4. Outros filósofos

HAMANN, J. G. Aesthetica in Nuce. Eine Rhapsodie in Kabbalisticher Prose. In: HAMANN, J. G. *Kreuzzüge des Philologen*. Königsberg, Kanter Verlag, 1762a, 159-220. Disponível em: <https://bildsuche.digitale-sammlungen.de/index.html?c=viewer&lv=1&bandnummer=bsb00074628&pimage=00001&suchbegriff=&l=de>. Acesso em: 11 ago. 2020.

_____. Kleeblatt hellenistischer Briefe. In: HAMANN, J. G. *Kreuzzüge des Philologen*. Königsberg, Kanter Verlag, 1762b, 97-138. Disponível em: <https://bildsuche.digitale-sammlungen.de/index.html?c=viewer&lv=1&bandnummer=bsb00074628&pimage=00001&suchbegriff=&l=de>. Acesso em: 11 ago. 2020.

KANT, I. Anthropologie in pragmatischer Hinsicht. In: KANT, I. *Elektronische Edition der Gesammelten Werke Immanuel Kants*. Disponível em: <http://www.korpora.org/kant/aa07/Inhalt7.html>. Acesso em: 11 ago. 2020.

_____. Briefwechsel 1789-1794. In: *Kants Werke. Akademie-Textausgabe. Band XI*. Berlin: Walter de Gruyter & Co., 1968a.

_____. Kritik der praktischen Vernunft. In: *Kants Werke. Akademie-Textausgabe. Band V*. Berlin: Walter de Gruyter & Co., 1968b, 1-163.

_____. Kritik der Urtheilskraft. In: *Kants Werke. Akademie-Textausgabe. Band V*. Berlin: Walter de Gruyter & Co., 1968c, 165-485.

_____. Metaphysische Anfangsgründe der Naturwissenschaft. In: *Kants Werke. Akademie-Textausgabe. Band IV*. Berlin: Walter de Gruyter & Co., 1968d, 465-565.

_____. Muthmasslicher Anfang der Menschengeschichte. In: *Kants Werke. Akademie-Textausgabe. Band III.* Berlin: Walter de Gruyter & Co., 1968e, 109-123.

_____. "Über den Gebrauch teleologischer Principien in der Philosophie". In: *Kants Werke. Akademie-Textausgabe. Band I.* Berlin: Walter de Gruyter & Co., 1968f, 157-184.

_____. Zweites Convolut. In: *Kants Werke. Akademie-Textausgabe. Band XXI.* Berlin: Walter de Gruyter & Co., 1968g, 159-264.

LEIBNIZ, G. W. *Os princípios da filosofia ditos a Monadologia.* Trad. M. Chaui. In: NEWTON, I.; LEIBNIZ, G. W. *Newton, Leibniz* (I), 103-115. São Paulo: Abril Cultural, 1979. (Col. Os Pensadores).

_____. Principles of nature and grace, based on reason. Trans. R. Francks and R. S. Woolhouse. In: LEIBNIZ, G. W. *Philosophical Texts,* 258-266. New York: Oxford University Press, 1998.

PLATÃO. *Filebo.* Trad. Fernando Muniz. Rio de Janeiro: Ed. PUC-Rio/São Paulo: Loyola, 2012.

PLOTINO. *Acerca da beleza inteligível (Enéada V,8[31]).* Introdução, tradução e notas Luciana Gabriela E. C. Soares. *Kriterion,* n. 107, jun. 2003, 110-135.

PLOTINUS. *Plotinus. The Enneads.* Trans. A. H. Armstrong. Cambridge, MA: Harvard University Press, 1966-1988.

SCHLEGEL, A. *Vorlesungen über schöne Literatur und Kunst. Erster Teil (1801-1802):* die Kunstlehre. Heilbronn. Verlag von Gebr. Henninger, 1884. Disponível em: <https://archive.org/details/deutschelittera08sauegoog>. Acesso em: 11 ago. 2020.

SPINOZA, B. *Ética.* Trad. Tomaz Tadeu. Belo Horizonte: Autêntica, ²2013.

1.5. Artistas

KANDINSKY, W. *Über das Geistige in der Kunst – insbesondere in der Malerei. Mit acht Tafeln und zehn Originalholzschnitten.* Dritte Auflage. München: R. Piper e Co. Verlag, 1912. Disponível em: <http://archive.org/details/ber-das00kand>. Acesso em: 11 ago. 2020.

_____. Abstrakte Malerei. In: KANDINSKY, W. *Essays über Kunst und Künstler.* Hrsg. von Max Bell. Stuttgart: Verlag Gerd Hatze, 1955a, 172-180. Disponível em: <http://archive.org/stream/essberk00kand/essberk00kand_djvu.txt>. Acesso em: 11 ago. 2020.

Referências

_____. Interview Nierendorf-Kandinsky. In: KANDINSKY, W. *Essays über Kunst und Künstler*. Hrsg. von Max Bell. Stuttgart: Verlag Gerd Hatze, 1955b, 202-206. Disponível em: <http://archive.org/stream/essberk00kand/essberk00kand_djvu.txt>. Acesso em: 11 ago. 2020.

_____. *Curso da Bauhaus*. Trad. E. Brandão. São Paulo: Martins Fontes, 2003.

KLEE, P. *Paul Klee notebooks. The nature of nature*. Trans. Ralph Manheim, ed. Jürg Spiller. London: Lund Humpries, ^{4}1970, v. 2.

_____. Creative Credo. In: *Paul Klee notebooks. The thinking eye*. Trans. Ralph Manheim, ed. Jürg Spiller. London: Lund Humpries, ^{4}1973a, v. 1, 76-80.

_____. Infinite natural history. In: *Paul Klee notebooks. The thinking eye*. Trans. Ralph Manheim, ed. Jürg Spiller. London: Lund Humpries, ^{4}1973b, v. 1, 3-14.

_____. On the whole idea of concept. The polarity of concepts. In: *Paul Klee notebooks. The thinking eye*. Trans. Ralph Manheim, ed. Jürg Spiller. London: Lund Humpries, ^{4}1973c, v. 1, 15-16.

_____. The concept of structure in nature. In: *Paul Klee notebooks. The thinking eye*. Trans. Ralph Manheim, ed. Jürg Spiller. London: Lund Humpries, ^{4}1973d, v. 1, 333-341.

_____. Ways of nature study. In: *Paul Klee notebooks. The thinking eye*. Trans. Ralph Manheim, ed. Jürg Spiller. London: Lund Humpries, ^{4}1973e, v. 1, 63-67.

VITRÚVIO. *Tratado de arquitetura*. Trad. Justino Maciel. São Paulo: Martins Fontes, 2007.

2. Referências secundárias

AMORA, K. Schelling and the dual nature of light. *Philósophos*, vol. 13, n. 01 (2008): 109-124. Disponível em: <https://revistas.ufg.br/philosophos/article/view/7993/6007>. Acesso em: 11 ago. 2020.

APEL, W. *Harvard Dictionary of Music*. Cambridge: Belknar Press, ^{2}1974.

ARGAN, J. C. *L'Arte Moderna 1770-1970*. Firenze: Sansoni, 1970.

_____. Preface. In: KLEE, P. *Paul Klee notebooks. The thinking eye*. Trans. Ralph Manheim, ed. Jürg Spiller. London: Lund Humpries, ^{4}1973, v. 1, 11-18.

_____. *História da arte italiana. Da Antiguidade a Duccio*. Trad. Vilma de Katinsky. São Paulo: Cosac & Naify, 2003, v. 1.

ASSUMPÇÃO, G. A pintura abstrata e Schelling: atravessar a "pele da natureza". *Princípios* (UFRN), v. 24, n. 45, (2017a): 59-79. Disponível em:

<https://periodicos.ufrn.br/principios/article/view/11877>. Acesso em: 11 ago. 2020.

_____. Arte e filosofia versus arte e natureza: abordagens schellinguianas. *Artefilosofia* (UFOP), n. 22 (2017b): 104-125. Disponível em: <https://www.periodicos.ufop.br/pp/index.php/raf/article/view/950/799>. Acesso em: 11 ago. 2020.

_____. Crítica do juízo teleológico e organismo em Kant e Schelling. *Doispontos*, Curitiba, São Carlos, v. 2, n. 02 (2015): 123-135. Disponível em: <https://revistas.ufpr.br/doispontos/article/view/38898>. Acesso em: 11 ago. 2020.

BARACAT JR., J. Exemplo ou contraexemplo? O caso de uma estátua nas *Enéadas* de Plotino. *Archai*, n. 10 (2013): 73-84. Disponível em: <https://periodicos.unb.br/index.php/archai/article/view/8366>. Acesso em: 11 ago. 2020.

BARBOSA, R. C. *A formação pela ciência*: Schelling e a ideia de universidade. Rio de Janeiro: EDUERJ, 2010.

BARBOZA, J. Polaridade, alma cósmica, graus de desenvolvimento da natureza: o nascimento da *Naturphilosophie* de Schelling. *Discurso*, v. 32 (2001): 249-287.

_____. *Infinitude subjetiva e estética*: Natureza e arte em Schelling e em Schopenhauer. São Paulo: Ed. Unesp, 2005.

BARROS, F. R. de M. A música em Schelling. *Cadernos de Filosofia Alemã*, n. 13, (2009): 83-94.

_____. A pintura em Schelling e o problema da imagem. *Veritas*, Porto Alegre, v. 55, n. 3 (2010): 202-216.

BEACH, E. A. *The potencies of God(s)*. Schelling's Philosophy of Mythology. New York: Suny Press, 1994.

BECKER, C. *Naturgeschichte der Kunst. August Schlegels ästhetischer Ansatz im Schnittpunkt zwischen Aufklärung und Romantik*. München: Wilhelm Fink, 1998.

BEIERWALTES, W. Einleitung. In: SCHELLING, F. *Texte zur Philosophie der Kunst*. Stuttgart: Reclam, 1982, 3-35.

_____. El neoplatonismo de Schelling. *Anuario Filosófico*, 2000 (33), 395-442.

_____. *Das wahre Selbst. Studien zu Plotins Begriff des Geistes und des Einen*. Frankfurt am Main: Vittorio Klostermann, 2001.

Referências

BEISER, F. *German Idealism: The Struggle against Subjectivism*, 1871-1801. Cambridge, London: Harvard University Press, 2002.

BEZERRA, C. C. Considerações neoplatônicas a partir de *Über die Formfrage* de W. Kandinsky. In: BAUCHWITZ, O. F.; BEZERRA, C. C. (orgs.). *Imagem e silêncio. Atas do I Simpósio Ibero-Americano de estudos neoplatônicos.* Natal: EDUFRN, 2009, 105-115.

BOWIE, A. *Schelling and modern European philosophy: an introduction.* New York: Routledge, 1993.

_____. *Aesthetics and subjectivity: from Kant to Nietzsche.* Manchester/New York: Manchester University Press, ²2003.

BROLEZZI, R. Vitrúvio e sua herança moderna. In: VITRÚVIO. *Tratado de arquitetura.* Trad. Justino Maciel. São Paulo: Martins Fontes, 2007, 25-27.

BURKE, P.; WIRTH, J. M. (eds.). *The Barbarian Principle. Merleau-Ponty, Schelling, and the Question of Nature.* New York: Suny Press, 2013.

BURKHOLDER, J.; GROUT, D.; PALISCA, C. *A History of Western Music.* New York: W. W. Norton & Company, ⁹2014.

CHO, Young-Chun. *Natur als Subjekt. Schellings Naturphilosophie und ihre ökologische Bedeutung.* Saarbrücken: VDM Verlag Dr. Müller, 2008.

COURTINE, J.-F. *L'extaise de la raison. Essais sur Schelling.* Paris: Galilée, 1990.

DANZ, C. Editorischer Bericht. In: SCHELLING, F. *Friedrich Wilhelm Joseph Schelling Historisch-Kritische Ausgabe. Reihe II: Nachlass 5. Frühe theologische und philosophische Arbeiten.* C. Arnold; C. Buro; C. Danz und K. Grotsch (Hrsgs.). Stuttgart: Frommann-Holzboog, 2016, 201-223.

DISSELHOFF, J. *Wegweiser zu Johann Georg Hamann, dem Magus im Norden.* Ellerfeld: W. Hassel's Buchhadlem, 1871. Disponível em: <http://reader.digitale-sammlungen.de/de/fs1/object/display/bsb11018223_00005.html>. Acesso em: 11 ago. 2020.

DURNER, M. Editorischer Bericht. In: SCHELLING, F. W. J. *Friedrich Wilhelm Joseph Schelling Historisch-kritische Ausgabe. Reihe I: Werke 5.* Stuttgart: Frommann-Holzboog, 1994, 1-58.

_____. Editorischer Bericht. SCHELLING, F. W. J. *Friedrich Wilhelm Joseph Schelling Historisch-Kritische Ausgabe. Reihe I: Werke 8.* Manfred Durner; Wilhelm Jacobs (Hrsgs.). Stuttgart: Frommann-Holzboog, 2004, 275-293.

DURNER, M.; JANTZEN, J.; MOISO, F. (Hrsg.). *Friedrich Wilhelm Joseph Schelling Historisch-kritische Ausgabe.* Ergängzungsband: *Wissenschafthistorischer Bericht zu Schellings Naturphilosophische Schriften 1797-1800.* Stuttgart: Frommann-Holzboog, 1994.

DÜSING, K. L'historie idéaliste de la conscience de soi dans le "Système de l'idéalisme transcendantal". In: ROUX, A.; VETÖ, M. (orgs.). *Schelling et l'élan du* Système de l'idéalisme transcendantal: *Colloque du C.H.R.I.A de Poitiers, avril 2000.* Paris: L'Harmattan, 2001, 19-39.

EHRHARDT, W. E. Nur *ein* Schelling. In: PAETZOLD, H.; SCHNEIDER, H. (Hrsg.). *Schellings Denken der Freiheit.* Kassel: Kassel University Press, 2010, 253-262.

FLAHERTY, J. C. *Johann Georg Hamann.* Boston: Twayne Publishers, 1979.

FLORMAN, L. *Concerning the Spiritual and the Concrete in Kandinsky's art.* Stanford: Stanford University Press, 2014.

FRANK, M. *Einführung in die frühromantische Ästhetik. Vorlesungen.* Frankfurt am Main: Suhrkamp, 1989.

FREITAS, R. Estética como ética da natureza: Kant como precursor da ética ecológica. *Revista Exagium*, n. 11 (2013): 29-44. Disponível em: <http://www.revistaexagium.ufop.br/PDF/Edicao_Atual/Numero11/11-2.pdf>. Acesso em: 11 ago. 2020.

GASPAR, F. P. Fichte e Schelling em confronto – filosofia da reflexão ou não? *Doispontos*: Curitiba, São Carlos, v. 2, n. 02 (2015): 27-43. Disponível em: <http://revistas.ufpr.br/doispontos/article/view/40026/26524>. Acesso em: 11 ago. 2020.

GONÇALVES, M. Schelling: filósofo da natureza ou cientista da imanência? In: PUENTE, F. R.; VIEIRA, L. A. (orgs.). *As filosofias de Schelling.* Belo Horizonte: Editora UFMG, 2005, 71-90.

_____. A relação dialética entre consciente e inconsciente na filosofia da natureza do jovem Schelling. *Síntese – Revista de Filosofia*, v. 42, n. 133 (2015a): 263-278. Disponível em: <https://faje.edu.br/periodicos/index.php/Sintese/article/view/3333>. Acesso em: 11 ago. 2020.

_____. Construção, criação e produção na filosofia da natureza de Schelling. *Doispontos*, v. 12, n. 02, 13-26 (2015b): 13-26. Disponível em: <https://revistas.ufpr.br/doispontos/article/view/41666>. Acesso em: 11 ago. 2020.

GORDON, P. *Art as the Absolute. Art's Relation to Metaphysics in Kant, Fichte, Schelling, Hegel and Schopenhauer.* New York/London: Bloomsbury, 2015.

GRANT, I. H. *Philosophies of Nature after Schelling.* London/New York: Continuum, 2006.

_____. F. W. J. Schelling, 'On the World Soul', Translation and Introduction. In: Mackay, R. *Collapse* v. VI, Geo/Philosophy (6). Urbanonce (2010): 58-95. Disponível em: <http://eprints.uwe.ac.uk/12310/2/Grant.pdf>. Acesso em: 11 ago. 2020.

Referências

GRIFFERO, T. *L'Estetica de Schelling*. Roma/Bari: Gius Laterza & Figli S.p.A., 1996.

GUYER, P. Kant and the philosophy of Architecture. *The Journal of Aesthetics and Art Criticism*, v. 69, n. 1 (2011): 7-19. Disponível em: <http://www.jstor.org/stable/42635832>. Acesso em: 11 ago. 2020.

_____. Knowledge and pleasure in the aesthetics of Schelling. In: OSTARIC, L. (org.). *Interpreting Schelling. Critical Essays*. Cambridge: Cambridge University Press, 2014, 71-90.

HANNING, B. R. Music and the Arts. In: CARTER, T.; BUTT, J. *The Cambridge History of Seventeenth Century Music*. Cambridge: Cambridge University Press, 2005, 111-131.

HENRI, M. *Ver o invisível. Sobre Kandinsky*. Trad. M. Rouanet. São Paulo: É Realizações, 2012.

HEUSER-KESSLER, M.-L. Schelling und die Selbstorganisation. Darstellung der jüngsten Rezeptionsgeschichte und neuer Forschungstrendes. In: HEUSER-KESSLER, M.-L.; JACOBS, W. (Hrsg.). *Selbstorganisation. Jahrbuch für Komplexität in den Natur-, Sozial- und Geisteswissenschaften*, Band 5. Duncker & Humboldt: Berlin, 1994, 231-255.

HEUSER-KESSLER, M.-L.; JACOBS, W. (Hrsg.). *Selbstorganisation. Jahrbuch für Komplexität in den Natur-, Sozial- und Geisteswissenschaften*, Band 5. Duncker & Humboldt: Berlin, 1994.

HÖSLE, V. *Wahrheit und Geschichte: Studien zur Struktur der Philosophiegeschichte unter paradigmatischer Analyse der Entwicklung von Parmenides bis Platon*. Stuttgart: Bad-Cannstatt, 1984.

_____. *Philosophie der ökologischen Krise. Moskauer Vorträge*. München: Verlag C. H. Beck, 1991.

_____. *O sistema de Hegel. O idealismo da subjetividade e o problema da intersubjetividade*. Trad. Antonio C. P. de Lima. São Paulo: Loyola, 2007.

JACOBS, W. *Schelling lesen*. Stttutgart – Bad Cannstatt: Fromman-Holzboog, 2004.

_____. Natur in der Kunst. In: DANZ, C.; JANTZEN, J. (Hrsg.). *Gott, Natur, Kunst und Geschichte: Schelling zwischen Identitätsphilosophie und Freiheitsschrift*. Göttingen: Vienna University Press, 2011, 85-101.

JACOBS, W.; ZICHE, P. Editorischer Bericht. In: SCHELLING, F. W. J. *Friedrich Wilhelm Joseph Schelling Historisch-Kritische Ausgabe. Reihe I: Werke 7*. Wilhelm Jacobs, Paul Ziche (Hrsgs.). Stuttgart: Frommann-Holzboog, 2001, 3-62.

JÄNHIG, D. *Schelling. Die Kunst in der Philosophie. Zweiter Band. Die Wahrheitsfunktion der Kunst*. Stuttgart/Pfullingen: Günther Neske, 1969.

KLEIN, B. The Beginnings of Gothic Architecture in France and its Neighbors. In: TOMAN, R. (ed.). *The Art of Gothic. Architecture, Sculpture, Painting*. Königswinter: Tandem Verlag GmbH, 2004, 28-114.

KORTEN, H.; ZICHE, P. Editorischer Bericht. In: SCHELLING, F. W. J. *Friedrich Wilhelm Joseph Schelling Historisch-kritische Ausgabe. Reihe I: Werke 9*, Teilband 2. Stuttgart: Frommann-Holzboog, 2005, 3-60.

KRÖNER, R. *Von Kant bis Hegel*. Tübingen: J. C. B. Mohr, ²1961.

LEYTE, A. La materia y la ideia (en torno a la filosofia dela naturaleza de Schelling). *Laguna*, Revista de Filosofia, n. 6 (1999), 71-97.

_____. De Húle a Materie. De Aristóteles a Schelling. *Daimwn*, Revista de Filosofia, n. 21 (2000), 87-96.

_____. Arte e sistema. In: PUENTE, F. R.; VIEIRA, L. A. (orgs.). *As filosofias de Schelling*. Belo Horizonte: Editora UFMG, 2005, 17-41.

LLEWELYN, J. *The HypoCritical Imagination: between Kant and Levinas*. London/New York: Routledge, 2000.

MATTHEWS, B. *Schelling's Organic Form of Philosophy: Life as the Schema of Freedom*. Albany: Suny Press, 2011.

O'BRIEN, D. Plotinus on matter and evil. In: GERSON, L. P. (ed.). *The Cambridge Companion to Plotinus*. Cambridge: CUP, 1996, 171-195.

OTABE, T. Raphael without Hands: The Idea of Inner Form and its Transformations. *JTLA*, v. 34, 2009, 55-63. Disponível em: <https://www.academia.edu/12469915/Raphael_without_Hands_The_Idea_of_the_Inner_Form_and_its_Transformations_2009>. Acesso em: 11 ago. 2020.

PANOFSKY, E. *Renaissance and Renascences in Western Art*. Stockholm: Almqvmist & Wiksells, Gebers Forlag AB, 1960.

_____. *Idea: A evolução do conceito de Belo*. São Paulo: Martins Fontes, 1994. (Col. Tópicos).

_____. *Arquitetura gótica e escolástica: sobre a analogia entre arte, filosofia e teologia na Idade Média*. São Paulo: Martins Fontes, ²2001.

PAREYSON, L. *L'Estetica di Schelling*. Torino: G. Giappichelli Editore, 1964.

_____. Breve historia de un concepto perene. In: PAREYSON, L. *Conversaciones de estética*. Madrid: Visor, 1987a, 217-232.

_____. Un problema schellinguiano: arte y filosofía. In: PAREYSON, L. *Conversaciones de estética*. Trad. Zósimo González. Madrid: Visor, 1987b, 197-208.

PAULIN, R. *The Life of August Wilhelm Schlegel, cosmopolitan of Art and Poetry*. Cambridge, UK: Open Book Publishers, 2016. Disponível em: <https://www.openbookpublishers.com/reader/25>. Acesso em: 11 ago. 2020.

POPE, A. Gothic Architecture and Persian Origins. *The Burlington Magazine for Connossieurs*, v. 62, n. 363 (1933), 292-294.

PUENTE, F. R. *As concepções antropológicas de Schelling*. São Paulo: Loyola, 1997.

_____. Novas perspectivas sobre o idealismo alemão. *Síntese – Revista de Filosofia*, v. 30, n. 96 (2003): 125-130.

RICH, A. N. Plotinus and the Theory of Artistic Imitation. *Mnemosyne*, 4th series, v. 13, Fasc. 3, 1960, 233-239. Disponível em: <https://www.jstor.org/stable/4428372?seq=1#page_scan_tab_contents>. Acesso em: 11 ago. 2020.

SANDKÜHLER, H. J. *Friedrich Wilhelm Joseph Schelling*. Stuttgart: J. B. Metzlersche Verlagsbuchhandlung, 1970.

SANGUINETTI, G. C. La armonía de lo invisible: la música como movimiento puro en Schelling. *ENDÓXA: Series Filosóficas*, n. 36, 2015, 181-194. Disponível em: <http://revistas.uned.es/index.php/endoxa/article/view/14286>. Acesso em: 11 ago. 2020.

SCHLANGER, J. *Schelling et la Réalité Finie. Essai sur la philosophie de la Nature et de l'Identité*. Paris: P.U.F., 1966.

SCHUBACK, M. S. C. The work of experience: Schelling on Thinking beyond Image and Concept. In: WIRTH, J. (ed.) *Schelling Now: Contemporary Readings*. Bloomington and Indianapolis: Indiana University Press, 2005, 66-83.

_____. The Eye and the Spirit of Nature: Some Reflections on Merleau-Ponty's Reading of Schelling Concerning the Relationship between Art and Nature. In: BURKE, P.; WIRTH, J. M. (eds.). *The Barbarian Principle. Merleau-Ponty, Schelling, and the Question of Nature*. New York: Suny Press, 2013, 307-319.

SEEL, M. *Eine Ästhetik der Natur*. Frankfurt: Suhrkamp, 1996.

SHAW, D. Z. *Freedom and Nature in Schelling's Philosophy of Art*. London/NY: Continuum, 2010.

_____. Animals, those Incessant Somnambulists: a Critique of Schelling's Anthropocentrism. In: MCGRATH, S. J., CAREW, J. (eds.). *Rethinking German Idealism*. London: MacMillan Publishers, 2016, 77-97.

SOARES, L. G. E. C. Introdução. In: PLOTINO. Acerca da beleza inteligível (*Enéada V,8[31]*). Introdução, tradução e notas Luciana Gabriela E. C. Soares. *Kriterion*, n. 107, jun. 2003, 110-112.

STODDARD, W. S. *Art & Architecture in Medieval France*. Boulder: Wesleyan University Press, 1972. (Icon Editions: 22).

STOTT, D. Translator's introduction. In: SCHELLING, F. W. J. *Philosophy of Art*. Minneapolis: University of Minnesota Press, 1989, xxvii-lv.

SUZUKI, M. *O gênio romântico. Crítica e História da Filosofia em Friedrich Schlegel*. São Paulo: Iluminuras, 1998.

_____. Filosofia da arte ou arte de filosofar? In: SCHELLING, F. W. J. *Filosofia da arte*. Trad. M. Suzuki. São Paulo: Edusp, 2001, 9-15.

TILLIETTE, X. *Schelling: Une philosophie en devenir I*. Paris: J. Vrin, 1970.

_____. *L'Absolu et la philosophie: Essais sur Schelling*. Paris: Presses Universitaires de France, 1987.

TOMAN, R. Introduction. In: TOMAN, R. (ed.). *The Art of Gothic. Architecture, Sculpture, Painting*. Königswinter: Tandem Verlag GmbH, 2004, 6-17.

TORRES FILHO, R. O Simbólico em Schelling. In: TORRES FILHO, R. *Ensaios de filosofia ilustrada*. São Paulo: Iluminuras, 2004, 109-134.

VATER, M. Schelling's Philosophy of Identity and Spinoza's *Ethica more geometrico*. In: FÖRSTER, E.; MELAMED, Y. Y. *Spinoza and German Idealism*. New York: Cambridge University Press, 2012, 156-174.

VELKLEY, R. L. Realizing nature in the Self: Schelling on Art and Intellectual Intuituion in the System of Transcendental Idealism. In: KLEMM, D.; ZÖLLER, G. *Figuring the Self: subject, absolute and others in classical German Idealism*. Albany: Suny Press, 1997, 149-168.

VETÖ, M. *De Kant à Schelling. Les deux voies de l'idéalisme allemand*, v. 1. Grenoble: Jérôme Millon, 1998.

VIEIRA, L. *Schelling*. Rio de Janeiro: Jorge Zahar, 2007.

WERLE, M. A. Apresentação. In: SCHLEGEL, A. *Doutrina da arte*. Trad. Marco Aurélio Werle. São Paulo: Edusp, 2014, 9-19.

WHISTLER, D. *Schelling's Theory of Symbolic Language. Forming the System of Identity*. Oxford: Oxford University Press, 2013.

WINCKELMANN, J. J. *Gedanken über die Nachahmung der grieschischen Werke in der Malerey und Bildhauerkunst*. Dresden/Leipzig: Verlag der Maltherischen Handlung, ²1756. Disponível em: <https://archive.org/details/gedankenuberdie00winc>. Acesso em: 11 ago. 2020.

WISNIK, J. M. *O som e o sentido: uma outra história das músicas*. São Paulo: Companhia das Letras, ²1989.

WIRTH, J. M. *The Conspiracy of Life: Meditations on Schelling and His Time.* Albany: Suny Press, 2003.

_____. Saturated Plasticity: Art and Nature. *SpazioFilosofico*, v. 6 (2012): 399-410. Disponível em: <http://www.spaziofilosofico.it/numero-06/2660/saturated-plasticity-art-and-nature/>. Acesso em: 11 ago. 2020.

_____. The Art of Nature. On the Agony of the Will in Schelling and Merleau-Ponty. In: BURKE, P.; WIRTH, J. M. (eds.). *The Barbarian Principle. Merleau-Ponty, Schelling, and the Question of Nature.* New York: Suny Press, 2013a, 321-340.

_____. The Reawakening of the Barbarian Principle. In: BURKE, P.; WIRTH, J. M. (eds.). *The Barbarian Principle. Merleau-Ponty, Schelling, and the Question of Nature.* New York: Suny Press, 2013b, 3-22.

ZELTNER, H. *Schelling.* Stuttgart: Fr. Frommanns Verlag, 1954.

ZERBST, A. *Schelling und die bildende Kunst. Zum Verhältnis von kunstphilosophischen System und konkreter Werkkentnis.* München: Wilhelm Fink Verlag, 2011.

Edições Loyola

editoração impressão acabamento

Rua 1822 n° 341 – Ipiranga
04216-000 São Paulo, SP
T 55 11 3385 8500/8501, 2063 4275
www.loyola.com.br